William Shakespeare

mit Selbstzeugnissen
und Bilddokumenten
dargestellt von
Jean Paris

Rowohlt

Aus dem Französischen übertragen von Oswalt von Nostitz
Den dokumentarischen und bibliographischen Anhang bearbeitete Paul Raabe
Herausgeber: Kurt Kusenberg
Umschlagentwurf: Werner Rebhuhn

Veröffentlicht im Rowohlt Taschenbuch Verlag GmbH,
Reinbek bei Hamburg, März 1958
Mit Genehmigung des Verlages Éditions du Seuil, Paris

Gesetzt aus der Linotype-Aldus-Buchschrift
und der Palatino (D. Stempel AG)
Gesamtherstellung Clausen & Bosse, Leck
Printed in Germany
780-ISBN 3 499 50002 7

100.–103. Tausend August 1985

Inhalt

Die Metamorphose 7
Die Prätendenten 18
By me, William Shakespeare 23
Die Werke und ihre Reihenfolge 66
Das alchimistische Theater 74
Texte 101
  Die Liebe 101
  Die Natur 110
  Die Geschichte 120
  Das Böse 132
  Der Tod 140
  Die Dichtung 149

Nachweise 159
Zeittafel 160
Zeugnisse 162
Bibliographie 165
Quellennachweis 171
Namenregister 172

William Shakespeare. Denkmal in der Kirche von Stratford-on-Avon

DIE METAMORPHOSE

Schlimme Geschichten! Schlimme Geschichten! Aber schau her, Junge. Nun sperr die Augen auf, du kommst, wo's zum Tode geht, ich, wo Neues geboren wird. (*Das Wintermärchen*)

Die Renaissance hat eine größere Bedeutung, als sie ihr die Historiker zubilligen. Sie ist nicht nur jene Übergangszeit, die manchen zufolge mit der Fahrt des Kolumbus oder, wie andere meinen, mit den italienischen Kriegen einsetzt. Sie läßt sich nicht gut zwischen den Jahresdaten einzwängen, die wir ihr als Anfang und Ende zuweisen, denn in ihr äußert sich eine Metamorphose, durch welche die Welt an einer ständigen Auferstehung teilhat. Die Renaissance ist weit davon entfernt, die Macht der Gnade zu schwächen; sie scheint vielmehr deren verborgenes Gesetz zu erfüllen: belebt sie doch in einer Zeit des Verfalls das Verlangen nach neuem Beginn. Genau gesprochen bezeichnet sie eine Verwandlung der Gesellschaftsordnung, ähnlich wie die Alchimie die Materie verwandelte. Überall verkündet sie die Erneuerung eines bereits totgesagten göttlichen oder irdischen Geistes. Sie setzt daher die Erfahrung des Todes, der Finsternis, der Verwesung, aber auch den glorreichen Aufstieg zum Lichte voraus. Und von den zahlreichen Werken, die sie inspirierte, bezeugt keines so sehr diese doppelte Wahrheit wie das Theater Shakespeares.
Die Thronbesteigung der Tudors beendete im Jahre 1485 die blutige Fehde zwischen den Häusern York und Lancaster, die dreißig Jahre gedauert hatte. Dieser Friedensschluß, der durch das Ende Richards III. Berühmtheit erlangte, ist zugleich der entscheidende Wendepunkt, von dem ab sich England aus einem mittelalterlichen Lehensstaat zur Monarchie entwickelte. Freilich muß sich noch Heinrich VII. ständig mit ausländischen Verschwörungen oder komplottierenden Hochstaplern vom Schlage eines Perkin Warbeck und der falschen Grafen Warwick herumschlagen; Heinrich VIII. sieht sich genötigt, die Umtriebe der Granden und der Papisten durch Gewalt zu Schanden zu machen; Maria Tudor kann ihre Herrschaft nur durch Gefängnisse und Scheiterhaufen behaupten, und Elisabeths Regierungszeit ist durch innere Zwistigkeiten und Unternehmungen der Spanier ganz besonders bewegt. Doch jede Heimsuchung stärkt die königliche Autorität und formt das Nationalbewußtsein der Engländer, die allmählich ihre bevorrechtigte Stellung erkennen. «Majestät, gedenkt», heißt es bei Shakespeare,

«Der Kön'ge, eurer Ahnen; und zugleich,
Wie die Natur umschanzte eure Insel;
Sie steht, ein Park Neptuns, umpfählt, verzäunt
Mit Felsen unersteigbar, brüll'nden Fluten,
Sandbänken, die kein feindlich Fahrzeug tragen,
Nein, es verschlingen bis zum Wimpel...» [1]

Heinrich VIII., König von England

Dieses Glaubensbekenntnis findet seinen Widerhall in der Geschichte. England, das so lange gespalten war, begreift endlich, daß seiner geographischen Einheit auch die politische Einheit entsprechen muß. Angesichts der Gefahren, die es bedrohen, lernt es in seiner strengen Schule, seine inneren Konflikte beizulegen und sich gegen jede äußere Bedrohung zu wappnen. Durch Kriege, emsige Arbeit, Reisen, Entdekkungen reift so jener Machtwille heran, der in der Bezwingung der Armada Philipps II. seinen höchsten Triumph feiert:

«... mit Schmach,
(Der ersten, die ihn je berührte) floh
Zweimal geschlagen er von unserm Strand;
Und seine Flotte, arm, unwissend Spielzeug
Auf unsrer Schreckenssee, wie Eierschalen
Hob sie die Brandung und zerschellt' sie leicht
An unsren Klippen ...» [2]

Dieses zähe Bemühen überträgt sich auf das Wirtschaftsleben: die Stadt, die im Mittelalter das Zentrum bildete, wird von der Wirtschaftseinheit der Neuzeit, der Nation, abgelöst. Im Laufe eines Jahrhunderts wird so auch das ‹Schwanennest im weiten Teich› von dem Fieber erfaßt, angesteckt, übermannt, das bereits Europa durchschüttelt. Doch im Augenblick, in dem sich Rote und Weiße Rose vereinigen, befindet sich die Insel gegenüber Flandern in einer ähnlichen Lage wie Frankreich gegenüber Italien. Wie einst Venedig und Florenz sind nun Antwerpen und Brügge zu Hauptstädten der neuen Zeit geworden; Wissenschaft, Industrie und Handel tragen dazu bei, daß sie zu Sammelbecken des abendländischen Reichtums werden. Aus diesen Städten, diesen fruchtbaren Landschaften gewinnt England zunächst seinen Lebensunterhalt; dabei lernt es ihre Praktiken, ihre Methoden kennen und ahmt sie so gründlich nach, daß die Vor-

gänger darüber bestürzt sind. Seit Heinrich VIII. wird es zu ihrem gefährlichsten Rivalen. Die zahlreichen Erfindungen auf allen Gebieten bieten ihm immer neue Möglichkeiten zur Festigung seiner Vormachtstellung. Das mechanisierte Textilgewerbe steigert seine Erträge. Manche Gegenden verlegen sich besonders auf Tuchschererei und Weberei. In Cambridge lassen sich Strickereien nieder, in Bristol, Norwich und Leicester werden Spinnereien eröffnet; und während die Serge aus Lemster mit flämischem Tuch konkurriert, überschwemmen Seidenwaren, Leinen, Spitzen und Samt die Städte des europäischen Festlandes. Die Metallurgie nimmt einen ähnlichen Aufschwung; die Kohlenförderung, die Bearbeitung von Zink, Blei, Bronze und Zinn entwickeln sich ständig. Newcastle und Sheffield gehen bei der Metallverarbeitung von der Holzkohle zur Steinkohle über. Zugleich werden Hebevorrichtungen und Transportmittel vervollkommnet, was die Verbreitung der Produkte erleichtert. Die Straßenverhältnisse bessern sich, so daß die Verbindung zwischen den einzelnen Provinzen enger wird. Die Ziegeleien haben stets zu tun, und der Backstein gibt einer Architektur das Gepräge, deren Meisterwerk immer Schloß Hampton Court bleiben wird. Uhrmacherei, Chemie, Glasindustrie, — alle Sparten nehmen am technischen Fortschritt teil. Ganz England wird zu einem Arsenal, dessen volle Warenlager nur auf neue Absatzgebiete warten.
Die ganze Außenpolitik diente dem Ziel, dieser Produktion ausreichende Märkte zu sichern und dadurch eine Wirtschaftskrise zu vermeiden. Da Heinrich VIII. seine Waren an den Mann bringen will, schließt er zahlreiche Handelsabkommen mit den Italienern, verteuert die französischen Weine und Farbstifte durch die englische Fracht; vor allem aber fördert er den Schiffbau. Während die Fischer die nördlichen Meere durchfahren und ihnen bald die Flotten der Reeder nachfolgen, sind an der Küste die Werften tätig, um der Nation die mächtigste Marine zu schenken. Unter Elisabeth steigt die Zahl der Schiffseinheiten von 42 auf 1232, und von der dadurch erreichten Vormachtstellung geben die berühmten Expeditionen von Drake, Frobisher, Cavendish ein anschauliches Bild:

«Euer Sinn treibt auf dem Ozean umher,
Wo eure Galeonen, stolz besegelt,
Wie Herrn und reiche Bürger auf der Flut,
Als wären sie das Schaugepräng der See,
Hinwegsehn über kleines Handelsvolk,
Das sie begrüßt und sich vor ihnen neigt,
Wie sie vorbeiziehn mit gewebten Schwingen.» [3]

Es ist gewiß nicht einer der geringsten Nachteile des Kapitalismus, daß er seit seinen Anfängen nach immer größerer Expansion strebt. Je mehr der Reichtum zunimmt, um so stärker wird dieser Drang. Und so bläst der Wind, von dem Shakespeare spricht:

Elisabeth I., Königin von England

«Der Wind, der durch die Welt die Jugend treibt,
Sich Glück wo anders als daheim zu suchen ...» [4]

Es meldet sich der Wunsch, die fernen Besitzungen zu schützen, Handelsniederlassungen zu errichten, Schlüsselpositionen unter Kontrolle zu halten, und so hebt die Ära der großen Reisen an. Es erweist sich als notwendig, die unberührten Gebiete in Besitz zu nehmen, ihre Bodenschätze auszubeuten, und so kommt es zu einer Kolonialpolitik nach spanischem Muster. Die Eingeborenen werden versklavt, zu den härtesten Arbeiten gezwungen, wie Vieh gekauft und verkauft, und so wird, mit Hawkins und Drake, die unauslöschliche Schande jener Zeit begründet: der Sklavenhandel.
Die Folge eines so sprunghaften Aufschwungs ist leicht zu erraten: Es sammeln sich astronomische Vermögen an. Industrielle, Unternehmer, Kaufleute, Sklavenhändler, Reeder, Bankiers werden zusammen reich und bilden eine neue Klasse, mit der die Könige schnell handelseinig werden.

«Pisa, berühmt durch angesehene Bürger,
Gab mir das Dasein, und dort lebt mein Vater,
Ein Kaufmann, wohlbekannt der ganzen Welt,
Vincentio, vom Geschlecht der Bentivogli.» [5]

In England gelangen diese Parvenüs unter den Tudors zur Macht und verbreiten überall ihr nüchternes Wesen, ihre Hartherzigkeit gegenüber den Armen, ihre Profitgier, ihren Luxus, ihre Genußsucht.

«Vor allem, wißt ihr, ist mein Haus in Padua
Reichlich versehn mit Gold und Silberzeug,
Becken und Kanne, die Händchen ihr zu waschen.
In Tyrus wirkte man die Teppiche;
Koffer von Elfenbein füllt' ich mit Kronen;
In Zedernkisten hab' ich bunte Decken,
Köstliche Stoffe, Zelte, Baldachine,
Batiste, türk'sche, perlgestickte Polster,
Umhänge von Venedig, golddurchnäht,
Kupfer und Zinngeschirr, und was gehört
Zum Haus und Hausrat: dann im Pachthof hab' ich
In Ställen hundertzwanzig fette Ochsen,
Nebst allem Zubehör und Inventar.» [6]

Das Bürgertum, das über solche Schätze gebietet, ist im Besitze des ganzen Reichtums. Der Krieg der beiden Rosen hat den Militäradel aufgerieben und den Spekulationen des Mittelstandes alle Chancen eröffnet. Schnell dehnen die wohlhabenden Bürgerlichen ihren Einfluß aus, verleihen ihr Geld an den Staat, den König, den Klerus, die Gemeinden, gründen Kolonien, subventionieren Entdeckungen, eignen sich Monopole an, bemächtigen sich des Landbesitzes der Gentry. Als sei ihm dringend daran gelegen, sie an der Macht zu sehen,

Die Niederlage der spanischen Armada im Juli 1588

fördert Heinrich VIII. überdies ihre politischen Ziele. Er selber annektiert die Lehen seiner Gegner, richtet diese durch Steuern zu Grunde, raubt den Grundbesitz der Katholiken, schließt ihre Klöster, beschlagnahmt ihre Vermögen, und verhilft, indem er das Joch Roms abschüttelt, der Religion zur Herrschaft, die für Kaufleute am günstigsten ist: den Anglikanismus. Sein Programm wird Punkt für Punkt von seiner Tochter Elisabeth übernommen. Ihr ganzes Leben lang stützt sich die brave ‹*Queen Bess*› auf das Bürgertum, um den Adel niederzuwerfen, und auf die Protestanten, um die Papisten zu verfolgen. Die Essex und Southampton mögen toben und Pius V. mag seine Bannbullen schleudern: Allein die Tatsache, daß eine Enkelin des Kaufmanns Boleyn auf dem Thron sitzt, beweist zur Genüge, daß die wirkliche Autorität in andere Hände übergegangen ist.

«Welch ird'scher Name kann wohl zum Verhör
Geweihter Kön'ge freien Odem zwingen?
Kein Nam' ist zu ersinnen, Kardinal,
So leer, unwürdig und so lächerlich,
Mir Antwort abzufordern wie der Papst.
Sag den Bericht ihm, und aus Englands Mund
Füg dies hinzu noch: daß kein welscher Priester
In unsren Landen zehnten soll und zinsen . . .» [7]

In politischer Hinsicht gründet diese Sozialordnung auf der absoluten Macht der Königin; ihr stehen zur Seite ein Staatsrat (*Privy Council*), Räte der nördlichen Provinzen und der Grafschaft Wales, die Schatzkammer, das Parlament, die Gerichtshöfe und lokale Verwaltungsorgane. Jede Person, die in diesen Stellungen tätig ist, erhält zwei verschiedene Bezüge: die *‹fees›*, die nach einem Tarif festgesetzt sind, und die *‹gratuities›* oder Gratifikationen, die nach Belieben oder unter Veruntreuung öffentlicher Gelder bemessen werden. So erhält beispielsweise der Schatzkanzler, der ein amtliches Gehalt von 919 Pfund bezieht, offiziös 3000 Pfund; der Großadmiral bekommt etwas mehr und der Erste Sekretär kaum weniger. Von oben nach unten unterscheidet die königliche Gunst: Da gibt es die Vergütung für eine Teilnahme an der Regierung, die persönlichen Patronatsrechte, die auf Empfehlung erteilten Privilegien, die Belohnungen für geleistete Dienste, die Freibriefe, Lizenzen, Monopole, durch die bestimmte Pfründen gewährt werden. Zwischen die Königin und die Bittsteller schiebt sich also ein Heer von Vermittlern, die es zu bestechen oder zu verdrängen gilt. Jeder, der eine Gunst erbittet, muß dafür zahlen; jedes Amt, somit jeder Höfling, ist käuflich. Nach dem Tode Burleys, der zu den weniger korrupten Würdenträgern gehört, ergibt das Vermögensinventar, daß der Minister von Januar 1596 bis August 1598 elf Privatleuten 3103 Pfund Sterling, 6 Schillinge und 8 Pence abgepreßt hat. In manchen Familien erhalten die Verwalter nur Verpflegung und Logis; im übrigen bestreiten sie ihren Lebensunterhalt durch Schmiergelder. Diese Veruntreuungen fördern die Bildung von Cliquen, die darauf erpicht sind, die Schlüsselpositionen des Staates zu kontrollieren. Daraus ergeben sich die Zwistigkeiten und Kollisionen zwischen einem Leicester, einem Cecil, einem Essex, einem Raleigh. Durch die zahlreichen Spione und Gegenspione, die sie in ihren Diensten hat, ist Elisabeth über diese Rivalitäten ausgezeichnet unterrichtet; ihre ganze Regierungskunst besteht darin, daß sie zwischen den Klüngeln ein fein ausgependeltes Gleichgewicht aufrechterhält, bald die eine Partei bald die andere begünstigt oder sich die Rädelsführer vom Halse schafft, sobald deren Ansehen und Forderungen überhandnehmen. Doch erkennt man nicht bereits in diesen Verhältnissen den Anlaß für berühmte Worte der Entrüstung?

«. . . Wer darf
In reiner Menschlichkeit aufstehn und sagen:
‹Der ist ein Schmeichler!› wer? Wenn's e i n e r ist,
So sind es alle: Jeder höhern Sprosse
Des Glücks schmiegt sich die untre; goldnem Dummkopf
Duckt der gelehrte Schädel: schief ist alles;
Nichts grad in unsrer fluchbeladnen Menschheit
Als offne Schurkerei . . .» [8]

Die Gefahren des Despotismus, die Habgier der Regierenden, die Begehrlichkeit der Untergebenen, die Kämpfe zwischen den Großen, die Fragwürdigkeit eines Ruhms, der von Gnade und Ungnade abhängig ist:

Tagung des Parlaments
unter dem Vorsitz der Königin

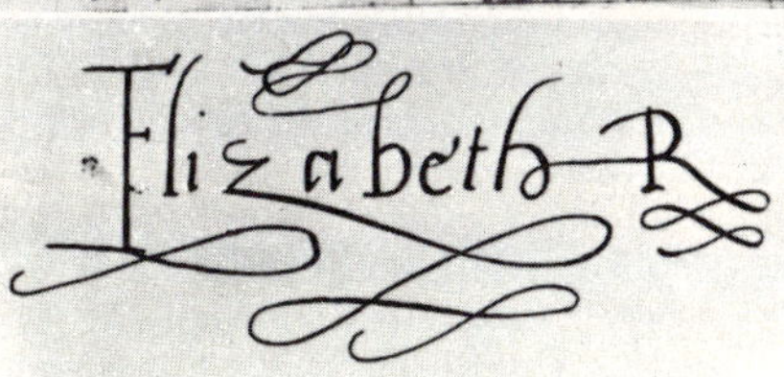
Elizabeth R

«... der Zeiten Spott und Geißel,
Des Mächt'gen Druck, des Stolzen Mißhandlungen,
Verschmähter Liebe Pein, des Rechtes Aufschub,
Der Übermut der Ämter, und die Schmach,
Die Unwert schweigendem Verdienst erweist ...» [9]

— liefern nicht all diese Mißstände Shakespeares Dramen die Argumente?
Denn in dieser Welt spielt sich ein unergründliches Drama ab. Den wirtschaftlichen und politischen Umwälzungen entspricht im geistigen Bereiche eine Krise ohne Beispiel. Nicht nur die Privilegien, auch die Begriffe, die Kenntnisse haben sich geändert; und eben dieser Wandlung verdankt, nach Auffassung Spencers und Tillyards, das Theater Shakespeares seinen Ursprung:
«Eines der Merkmale des geistigen Fortschritts, den wir Renaissance nennen, war das Auftreten naturalistischer Auffassungen, die zu den von der überlieferten Religion vorgeschriebenen Auffassungen in scharfem Widerspruch standen.» (H. B. Parkes). Die Astronomen, Theologen und Juristen des Mittelalters hatten ihrer Deutung des Weltalls, des Menschen, der Gesellschaft ausschließlich religiöse Vorstellungen zu Grunde gelegt. Hiernach leitete sich die Hierarchie der Werte und der Personen von der kosmischen Ordnung her, die ihrerseits auf göttlichem Ratschluß beruhte. Für den heiligen Thomas von Aquin, für Dante hatten die Welt- und Vernunftgesetze teil an der göttlichen Wesenheit, und jede Kreatur erlangte das Heil, wenn sie der Bahn folgte, die ihr das eigene Sein vorschrieb. In einer so optimistischen Weltsicht konnte das Böse nur durch ein Zurückweisen der Gnade, durch ein einseitiges Streben nach Glücksgütern entstehen. Diese Gewißheit beseelte noch einen Richard Hooker im Jahre 1593: Er sah das Böse nur als einen Irrtum an, wogegen das Gute aus allen Dingen hervorgehe, falls diese ihre wahre Bahn einhielten. Seit dem Beginn des 17. Jahrhunderts beginnen jedoch die Gelehrten die Natur empirisch zu erforschen und setzen dabei voraus, daß ihre Kräfte nutzbar sind. Freilich glauben auch sie noch, daß Mensch und Kosmos von entsprechenden Gesetzen beherrscht werden, aber diese Gesetze verlieren allmählich ihren Zauber und verwandeln sich in meßbare Beziehungen innerhalb von Systemen, die keinen ethischen Gehalt mehr aufweisen. Die Zeitgenossen Elisabeths lebten nun aber in einer Epoche, in der die mittelalterlichen Glaubensvorstellungen verblaßt waren, während die Lehren, die deren Nachfolge antreten sollten, noch der Zukunft angehörten. Man hatte sie gelehrt, die Schöpfung sei von Grund auf gut, die himmlische Ordnung gewährleiste die irdische Ordnung, aber zugleich waren sie Zeugen eines geschichtlichen Geschehens, bei dem weder Logik noch Moral eine maßlose Machtgier zügelten. Diese Kluft zwischen Vergangenheit und Gegenwart, zwischen Ideal und Wirklichkeit bildet daher das Hauptthema der elisabethanischen Menschen. Da sie die göttlichen Normen und die irdische Unordnung nicht miteinander vereinbaren

konnten, sahen sie sich gezwungen, diese ‹klaffenden Widersprüche› hinzunehmen, und so gelangten sie schließlich dazu, nach Zweifeln und Verleugnungen, nach Aufwallungen der Empörung und der Verzweiflung die Heraufkunft des Bösen zu verkünden:

> *«Ach, gnäd'ger Herr, gefahrvoll ist die Zeit!*
> *Die Tugend wird erstickt von schnödem Ehrgeiz,*
> *Und Nächstenliebe fortgejagt von Groll;*
> *Gehässige Verderbnis waltet vor,*
> *Und Billigkeit ist aus dem Reich verbannt.»* [10]

Etwa in den Jahren zwischen 1585 und 1600 steigert der Einfluß Kopernikus', Montaignes und Machiavellis diesen Konflikt bis zum äußersten. Ein Sir Philip Sidney, ein Edmund Spenser hatten ihm durch ihre verschwommene Mythologie noch ausweichen können; Christopher Marlowe blieb es vorbehalten, als erster eine pessimistische Auffassung der Existenz zu bekunden. Dieser Schuhmacherssohn, der in Cambridge erzogen worden war und beim Grafen Nottingham in Diensten stand, verwandelte das Theater durch vier wesentliche Dramen zu einem Tribunal, das den Menschen vor seine Schranken rief. *Tamerlan, Faust, Der Jude von Malta, Eduard II.*

Bürger von London (Stich, 2. Hälfte des 16. Jahrhunderts)

nehmen so die Tragik voraus, die König Lear, Hamlet, Macbeth oder Antonius eigen ist.
Dem beutelüsternen tatarischen Tyrannen, den seine Maßlosigkeit zur ärgsten Einsamkeit verdammt, schließt sich das unheilvolle Vorbild des Hoffärtigen an, der das Wissen eines Augenblicks mit seinem Seelenheil bezahlt. Mit dem durchtriebenen Barrabas und dem unfähigen Eduard entartet diese Suche nach Größe zu einer Suche nach dem Laster. Die verderbten Gestalten dringen auf die Bühne vor, so wie sie vom Hofe Besitz ergreifen. Die reineren Charaktere haben kaum die Muße, sich in einen Stoizismus nach Art Senecas zu hüllen, denn schon klopft der Tod an die Pforten dieser unrettbar verlorenen Welt. Entlarvung des Ruhmes, Verdammung der Wissenschaft, seelische Verkommenheit: all die Probleme, die derart aufgeworfen werden, verlangen aufs dringlichste nach Lösungen. Doch am 30. Mai 1593 stirbt Marlowe unter den Messerstichen eines Rasenden in einer Schenke. Shakespeare allein blieb fortan dazu ausersehen, die geistige Tragödie dieser Epoche zu gestalten.

DIE PRÄTENDENTEN

Macht kein Staatsbankett daraus, daß die Gerichte kalt werden, bevor wir uns über den ersten Platz einig sind. *(Timon von Athen)*

Es gibt Dichter, die größer sind als Shakespeare; es gibt keinen, der größere Rätsel aufgibt. Mit anderen Worten: Es gibt keinen, der noch heute so sehr die Geister bewegt und solche Probleme aufwirft. Drei Jahrhunderte nach dem ‹Sturm› ist noch immer jedes Wort umstritten; jede Behauptung ruft eine Kontroverse hervor. Wenn die immer zahlreicheren und mannigfaltigeren Analysen das Geheimnis verringern, so steigern sie zugleich die Verwirrung. Und dieses Geheimnis scheint vor allem darin zu bestehen, daß ein Mensch solch eine Vielfalt in sich zu bergen vermochte. Welche von den ‹tausend Seelen›, die Goethe ihm zusprach, gehörte ihm wirklich? Was war er? Aristokrat, Geheimbündler, Prophet, Politiker, Jesuit, Homosexueller, Wucherer, Menschenfeind, Geisteskranker, Puritaner, Mystiker, Agitator oder, wie Tolstoj wahrhaben wollte, ‹im Grunde ein mäßiger Schriftsteller›?
Für einige Shakespeare-Forscher allerdings gibt es kein ‹Shakespeare-Geheimnis› mehr, oder dieses Geheimnis ist zumindest ein anderes, als man gemeinhin annimmt. Alle Zweideutigkeiten, Ungewißheiten, Widersprüche, die diesen Mann betreffen, erweisen sich ja als gegenstandslos, sobald man darauf verzichtet, ihn für den Verfasser der Stücke zu halten, die ihm zugeschrieben werden. Was bedeutet das? Der Sohn Stratford-on-Avons wäre demnach nur ein Strohmann, das Pseudonym eines Genies, das aus mancherlei Gründen sein Incognito bewahren wollte. Es gäbe somit einen Pseudo-Shakespeare

wie einen Pseudo-Dionys, und dieser erlesene Name wäre lediglich der Deckmantel einer ungeheuerlichen Mystifikation: der vielleicht bedeutendsten, aber nicht der einzigen. Denn dieses Beispiel kommt wie gerufen, um eine ganze Tradition ähnlicher Fälle zu erhärten. Jedermann weiß ja, daß die Ilias von Salomo, die Odyssee von Nausikaa verfaßt worden ist; daß die Lustspiele des Terenz, die Aeneis Vergils, die Oden des Horaz von mittelalterlichen Mönchen stammen; daß die Annalen des Tacitus von Poggio Bracciolini erdacht worden sind; daß der Beowulf ein Werk König Alfreds ist; daß Miltons *Verlorenes Paradies* von einem Konsortium unter Vorsitz Ellwoods redigiert worden ist; daß Corneille die Stücke Molières und Molière die Fabeln La Fontaines geschrieben hat; und daß das *In Memoriam* nicht auf Tennyson, sondern auf seine Frau zurückgeht.
Im Jahre 1856 verkündete Miss Delia Bacon, eine nordamerikanische Deszendentin des Philosophen, die übrigens ohne Nachkommenschaft gestorben ist, in *Putnam's Monthly*, daß ‹Shakespeare› ein Pseudonym ihres großen Vorfahren sei. Bald danach kam sie allerdings ins Irrenhaus. Doch im gleichen Jahr behauptete ein gewisser William Smith in der *Shakespeare-Society*, der Verfasser des *Novum Organum* und der Dichter des *Macbeth* seien miteinander identisch. Diese prächtige Doublette versetzte die Geister in fieberhafte Aufregung. Etwa drei Jahrzehnte später erschien die sensationelle Schrift *Die doppeldeutige Geheimschrift des Francis Bacon, aus seinen Schriften entziffert* von Mrs. Wells-Gallup, aus der hervorging, daß der berühmte Kanzler nicht nur die Stücke Shakespeares, sondern auch die Werke Marlowes, Greenes, Peeles sowie Stellen aus Spensers *Feenkönigin* und Burtons *Anatomie der Melancholie* verfaßt hatte und sich überdies als Sohn der Königin Elisabeth und ihres Günstlings, des Grafen Leicester, erwies!
Diese verblüffenden Behauptungen wurden bald darauf durch eine noch verblüffendere Offenbarung bestätigt. Das Übersinnliche griff in die Diskussion ein, wobei es sich der Vermittlung einer amerikanischen Spiritistin bediente, und erhärtete die neuen Thesen in allen Punkten. Zu diesem unerwarteten Zeugnis traten noch die geringeren Hilfsmittel der Philologie hinzu. Mrs. Pott veröffentlichte eine Liste von Anmerkungen und Zitaten, aus denen sich 4400 eindrucksvolle Übereinstimmungen zwischen den Schriften Bacons und den Texten des Pseudo-Shakespeare ergaben. Bei der Nachprüfung stellte sich in der Tat heraus, daß es sich hierbei um so entscheidende Ausdrücke wie ‹Guten Morgen›, ‹Amen›, ‹ich versichere euch› oder ‹glaubt mir› handelte. Ebenso verhielt es sich mit den 230 lateinischen Vokabeln, die für R. Theobald den Beweis darstellten, daß Shakespeare ein Gelehrter gewesen sein mußte: alle fanden sich bei den zeitgenössischen Schriftstellern oder jedenfalls ihren Vorgängern. Das gleiche Los war dem Fund des Dr. Webb beschieden: Die Redewendung ‹discourse of reason›, die viermal von Shakespeare und, o Wunder, häufig von Bacon verwandt wurde, kam bereits in den Schriften Thomas Mores und den Essays von Montaigne vor. Webb unterbaute jedoch seine

Francis Bacon,
Staatsmann und Philosoph

Hirngespinste mit Entdeckungen, die von den Kärrnern häufig benutzt wurden. Ihm zufolge sprach nichts dafür, daß es sich bei dem Schauspieler und dem Dichter, die unter dem Namen Shakespeare bekannt waren, um die gleiche Person handelte. Übersah er dabei nicht die Huldigungen des *Folio*? Keineswegs. Denn aus Ben Jonsons Ode gewann er durch eine wahnwitzige Auslegung die Überzeugung, daß dieser zu den Eingeweihten gehörte. Überdies standen ja bekanntlich Jonson und Bacon so gut miteinander, daß der Dichter am *Novum Organum* mitgearbeitet hatte. Schließlich kam noch ein gewichtiges Argument hinzu, das bereits W. Smith verwandt hatte: Im Post-Scriptum eines Briefes, den ein gewisser Tobie Matthew an Bacon gerichtet hatte, stand zu lesen: ‹Der außerordentlichste Geist meiner Nation, den ich jemals auf dieser Seite des Meeres kennenlernte, führt den Namen Eurer Hoheit, obwohl er unter einem anderen Namen bekannt ist.› Hatte man damit nicht den lange erwarteten Beweis in Händen, daß der Doppelzüngige ein Pseudonym verwandte? Sidney Lee sollte diese Hoffnung zunichte machen, indem er nachwies, daß Matthew, ein Katholik, einen Jesuiten damit meinte, den er auf dem europäischen Festland getroffen hatte: Er hieß Thomas Southwell alias Bacon, aber ohne den Vornamen Francis. Amen.

Indessen war im Jahre 1892 in der Person William Stanleys, des sechsten Grafen von Derby, ein neuer Kandidat aufgetaucht. Dieser von J. Greenstreet eingeführte Prätendent eröffnete die Reihe der Aristokraten und lieferte den Theorien gegen die Urheberschaft Shakespeares ein weiteres schwerwiegendes Argument. Wenn nämlich nicht recht ersichtlich ist, weshalb es Bacon, der philosophische Abhandlungen signierte, widerstrebt haben soll, Tragödien unter seinem Namen zu veröffentlichen, so liegen die Gründe offen zu Tage, die einen Thronanwärter bewegen mochten, seine dramatischen Versuche geheimzuhalten. ‹Hinter der Maske William Shakespeares› verbarg sich somit der durchtriebenste Politiker des elisabethanischen England. Abel Lefranc hatte das mit seinem gewohnten Spürsinn schon 1916 geahnt, und dreißigjährige geduldige Studien waren nicht dazu angetan gewesen, ihn davon abzubringen: Der Dichter der *Verlorenen Liebesmüh* hatte sich am Hofe von Navarra aufgehalten; *Ein Sommernachtstraum* schilderte das ‹Leben auf einem der Schlösser der Derbys›; *Hamlet* gab die Geschichte Maria Stuarts wieder; Stanleys berüchtigte Eifersucht fand ihren Ausdruck in *Othello*, *Troilus und Cressida*, *Cymbeline* und *Das Wintermärchen*; die ‹dunkle

Periode› erklärte sich aus den Enttäuschungen des Kronprätendenten, der durch Jakob I. verdrängt worden war; kurzum: Zwischen dem Leben Derbys und dem Theater Shakespeares ergaben sich eigenartige Parallelen. Zwei Dokumente verwandelten schließlich diese Mutmaßungen in völlige Gewißheit: ‹zwei Briefe, die ein Geheimagent mit dem angeblichen Namen Georges Fenner im Juni 1599 geschrieben hatte und die von der Polizei Elisabeths abgefangen worden waren›; nach ihren Angaben war der Graf ‹offenbar nur damit beschäftigt, Stücke für die Komödianten zu schreiben, was ihn, zumindest dem Anschein nach, von seinen politischen Sorgen ablenkte›. Leider werden nun aber diese schwindelerregenden Hypothesen durch mehrere Umstände entkräftet. Freilich steht fest, daß William Stanley ein großer Theaterliebhaber gewesen ist. Doch nichts, rein gar nichts deutet darauf hin, daß er Shakespeare und seine Freunde gefördert hätte. Alles spricht im Gegenteil dafür, daß er ihre Rivalen unterstützte. Im gleichen Jahre 1599, in dem ein nicht näher bekannter Spion jene Briefe schrieb, gründete er die Truppe der ‹Kinder von Sankt Paul› wieder neu, über die sich ausgerechnet Shakespeare im *Hamlet* lustig macht. Bei einem Genie dieses Ausmaßes wirkt es im übrigen noch überraschender, daß er zum satirischen Repertoire eines John Marston seine Zuflucht nahm, um dies Bürschlein mit Stoff zu versorgen. Im übrigen sind uns einige Briefe dieser Persönlichkeit erhalten geblieben, und daß ihr Stil nur sehr entfernt an *Macbeth* oder *König Lear* erinnert, ist das mindeste, was man von ihnen sagen kann. Auch Derbys Leben muß ziemlich fade gewesen sein; ist es doch ganz von kleinlichen Intrigen und von Ehestreitigkeiten ausgefüllt. Alles zeugt gegen ihn, sogar sein Tod. Er ist erst 1642 gestorben: Welch seltsamer Zufall sollte ihn dazu veranlaßt haben, schon 1616 mit dem Schreiben aufzuhören, eben in dem Augenblick, als der Sohn Stratfords die Augen schloß?
Wir brauchen uns nicht des längeren über die weiteren Marionettenfiguren zu verbreiten, denen man die Werke eines Genies zuschreiben möchte. Der unbedeutende Rogers Manners, fünfter Graf von Rutland, der von Célestin Demblon ausgegraben wurde, war schon verstorben, als *Heinrich VIII.* entstand. Edward de Vere, siebzehnter Graf von Oxford, den Thomas Looney, B. M. Ward, Percy Allen und G. Rendall auf den Thron erhoben, tat sich durch höchst mittelmäßiges Verseschmieden hervor und hat genausowenig ein Anrecht auf den Ruhm Shakespeares wie William Cecil oder Francis Walsingham. Im übrigen gibt es einen Vorgang, der schon für sich allein alle diese Ketzereien eindeutig widerlegt. Im Februar 1601 wurde in London der berühmte Prozeß gegen Essex und seine Komplicen eröffnet. Sie waren angeklagt, sie hätten den Sturz der Königin angestrebt, und führten zu ihrer Verteidigung an, ihr Ziel sei nur gewesen, Elisabeth von ihren schlechten Ratgebern zu befreien. Die Anklage entgegnete darauf, die Schauspieler des *Globe*, zu denen auch Shakespeare gehörte, hätten ja von den Rebellen 40 Schilling erhalten, damit sie *Richard II.* spielten — das Stück, das ihrer Auf-

fassung nach am geeignetsten gewesen sei, um den Sturz der Königin herbeizuführen. Unter diesen Anklägern befanden sich nun aber sowohl Bacon wie Oxford wie Derby an prominenter Stelle. Wäre einer von ihnen der Autor von *Richard II.* gewesen, so hätte es schon eines eigenartigen Machiavellismus bedurft, um die Aufführung dieses Dramas den Angeklagten zur Last zu legen. Was Rutland betraf, so saß er mit auf der Anklagebank, tat sich dort aber durch ein so einfältiges Wesen hervor, daß die Richter seine Verantwortlichkeit verneinten. Man kann daher vorbehaltlos die Schlußfolgerung Frau Longworth-Chambruns unterschreiben: ‹Es ist eine seltsame Feststellung, daß dieser tragische Prozeß alle unechten Shakespeares vereinte und allein schon ausreicht, um die vier Thesen, die sich gegen den Mann aus Stratford richten, zunichte zu machen.›
Unter diesen Umständen wird es verständlich, daß die Unbelehrbaren zu einer noch radikaleren Hypothese gelangten. Wenn es so mühsam sei, einen Shakespeare wieder neu zurechtzuzimmern, so liege das daran, meinen sie, daß es in Wahrheit . . . mehrere von der Sorte gebe. Eben dieser Name habe nämlich einer ganzen Clique von Propagandisten als Aushängeschild gedient —, einer Clique, in der sich Grandseigneurs und — mehr oder weniger von der Geheimpolizei besoldete — Künstler zusammengefunden hätten. ‹Unter den ersteren und in vorderster Reihe der Graf Oxford, Schwager des Premierministers, und der Graf Derby, ein Schwager Oxfords. An der Spitze der zweiten Kategorie Marlowe, der große Dramatiker usw. . . .› (Abel Chevalley). Ein kollektiver Shakespeare! Das ist wahrhaftig die Erfindung, durch die sich am besten alle Einwände ausräumen lassen. Nur ist in diesem Fall nicht mehr ersichtlich, weshalb eine Tarnung notwendig sein sollte. Daß sich ein ehrgeiziger Intrigant, eine Verschwörergruppe hinter einem Pseudonym verstecken, mag noch hingehen. Aber warum in aller Welt sollen denn brave Legitimisten zu solchen kindlichen Schlichen ihre Zuflucht nehmen? Und weshalb sollte sich ein Derby an Umtrieben beteiligen, die seinen Interessen so sehr zuwiderliefen? Und kann man annehmen, daß in zwanzig Jahren, unter zwei einander so konträren Regierungen, angesichts solcher Schwankungen und Zwistigkeiten, niemand das Geheimnis ausplauderte? Zu diesen Problemen steuern die Gelehrten nur grammatikalische oder bibliographische Antworten bei. Die gleichen Themen, die gleichen Wendungen, finden sich bei mehreren Dichtern, so stellen sie fest, ohne daß sich mit Bestimmtheit sagen ließe, wo die Nachahmung anfängt und die authentische Aussage aufhört. In ihren jüngsten Arbeiten über die elisabethanische Literatur erinnern uns L. R. Zocca, Rosemonde Tuve, Mrs. Bradbrook daran: Shakespeares Lieblingsprobleme, die Lösungen, die er für sie vorschlägt, und sogar die Bilder, in denen er sie ausdrückt, haben ebensosehr ihren Ursprung in einem gemeinsamen Erbe wie in seinem eigenen Genie. Noch einen Schritt weiter, und schon führen die Beziehungen zwischen Shakespeare und seinen Zunftgenossen in der Tat, um mit Chambers zu sprechen, zu einer ‹völligen Auflösung› des Werkes

und der Persönlichkeit. Wer sind die Verfasser von *Titus Andronicus*? Kyd, Marlowe und Greene. Von *Verlorene Liebesmüh*? Oxford oder Derby. Von *Ende gut, alles gut*? Shakespeare, Chapman und Greene. Von *Troilus und Cressida?* Dekker und Chettle, wobei das Zweigespann Greene-Chapman eine Überarbeitung des Textes vornahm. Von *König Johann*? Chambers zufolge soll es sich um den Neuaufguß eines Dramas von Peele handeln; hingegen hält Robertson Marlowe für den Verfasser dieser Vorlage. Glücklicherweise werden in *Die lustigen Weiber von Windsor* wenigstens acht Sätze Shakespeare selber zugesprochen; in *Julius Caesar* hingegen komme Ben Jonson zum Vorschein, der einen durch Beaumont umgearbeiteten Marlowe revidiert habe. Und so geht es weiter.
Was die Methoden angeht, auf die sich diese Theorien berufen – Untersuchungen der Reime, der Assonanzen, des Rhythmus, der Lieblingsworte, der Interpunktion, der Rechtschreibung, der bevorzugten Metaphern, der Anspielungen auf Zeitumstände, der Abkürzungen, Druckfehler und Bildungsschnitzer –, so läßt sich verstehen, daß sie in der Hand von Spezialisten ‹einander widersprechende Ergebnisse zeitigen›. Abel Chevalley gibt das auch unbefangen zu, meint aber dann, nicht erst heutzutage seien ‹die Amateure die wahren Fachleute und die Fachleute nur Pfuscher›.

BY ME, WILLIAM SHAKESPEARE

Vor ihnen hüllt mich Nacht in ihren Mantel.
(Romeo und Julia)

William Shakespeare wurde am 23. April 1564 in Stratford-on-Avon geboren. Das Kirchenbuch bezeugt, daß er am 26. getauft wurde.

JUNKER CHRISTOPH: ... *Wollen wir nicht ein Gelage veranstalten?*
JUNKER TOBIAS: *Was sollen wir sonst tun? Sind wir nicht unter dem Steinbock geboren?* [11]

Wir wissen nicht, ob die Astrologen jener Zeit seinem Horoskop die gebührenden Ehren erwiesen. Shakespeare selber verfehlte später nicht, diese Gewähr guter Gesundheit zu preisen; auch bemerkte er, den ungeraden Zahlen eigne *«etwas Göttliches für die Geburt, das Schicksal und den Tod»* [12]. Und wahrhaftig: Empfing je ein Sterblicher mehr Genie von den Göttern als dieser Mann, dessen Leben nur aus dem Dunkel auftauchte, um sich alsbald in einen Mythos zu verwandeln? Tun und Treiben der unbedeutendsten Schulfuchser jener Zeit ist uns überliefert worden. Durch eine seltsame Schicksalsfügung bleibt der größte Dramatiker, den die Welt seit den Griechen gesehen hat, für uns ein Unbekannter.
Stratford-on-Avon, ein kleiner Marktflecken in Warwickshire, zählte am Ausgang des 16. Jahrhunderts etwa 1 500 Einwohner. Ein gewis-

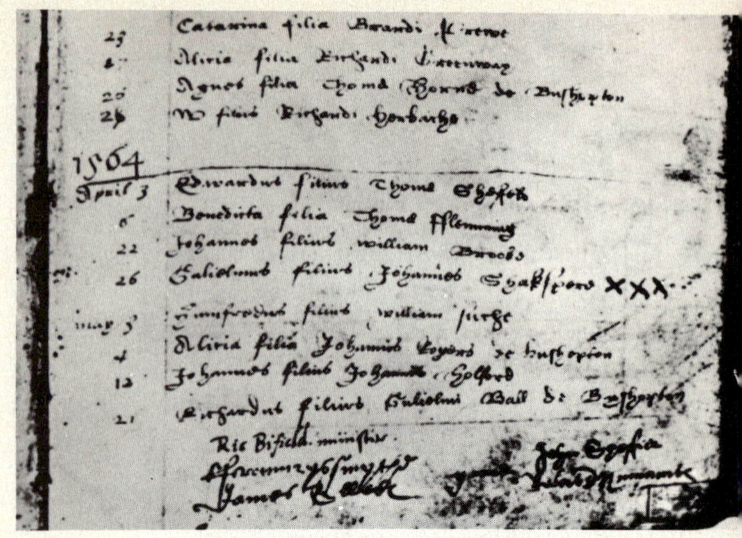

Am 26. April 1564 wurde William, Sohn des John Shakspere, getauft

ser John Shakspere, Sohn eines Bauern aus Snitterfield, war dort ein ehrenwerter Bürger. Im Jahre 1557 hatte er eine der acht Töchter Robert Ardens geheiratet; Arden, der aus einem alten katholischen Geschlechte stammte, war Eigentümer der Burg Wilmcote. Mary hatte von ihrem Vater ein Landgut von 50 Morgen und andere Besitzungen geerbt, die auch ihrem Gatten zugute kamen. John Shakspere war Landwirt, wie einige annehmen, Handschuhmacher oder Lohgerber, wie andere behaupten, Metzger, wie John Aubrey, oder Stoffhändler, wie Nicholas Rowe es wahrhaben möchten; jedenfalls hatte er drei oder vier Häuser gekauft und war angesehen genug, um im öffentlichen Leben eine Rolle zu spielen. Bald nach diesem Aufstieg, über dessen Gründe sich die Biographen nicht einig sind – aber worüber streiten sie sich nicht? –, begann seine Laufbahn in der Gemeindeverwaltung. Er war nacheinander Bierprüfer, Schutzmann, Schatzkämmerer, Ratsherr und erhielt schließlich im Jahre 1568 den hervorragenden Posten eines Amtmannes. Alles spricht dafür, daß er diese Würde zur vollen Zufriedenheit der von ihm Betreuten ausübte, bis im Jahre 1576, ohne ersichtlichen Grund, sein Stern zu sinken begann.
Er war Vater von acht Kindern, von denen drei früh starben, so daß ihm noch vier Jungen blieben: William, Edmund, Richard, Gilbert sowie eine Tochter namens Joan. Über die Jugendjahre des Ältesten ist man auf Vermutungen angewiesen, da keine Dokumente vorhanden sind. Wahrscheinlich wurde er mit sieben Jahren in die *Grammar*

MR. WILLIAM
SHAKESPEARES
COMEDIES,
HISTORIES, &
TRAGEDIES.

Published according to the True Originall Copies.

LONDON
Printed by Isaac Iaggard, and Ed. Blount. 1623.

William Shakespeare (Titelblatt der First-Folio-Ausgabe)

School der Gemeinde geschickt. Die aufgeklärte Politik der Tudors, der Freunde von Literatur und Wissenschaft, hatte auch die Kleinstädte mit ausgezeichneten Schulen versorgt, an denen in Oxford und Cambridge ausgebildete Lehrer tätig waren. Vier dieser Graduierten — John Acton, Walter Roche, Simon Hunt und Thomas Jenkins — folgten in Stratford aufeinander, und dank der Spenden eines Mäzens, Sir Hugh Cloptons, konnten die Söhne der Notabeln unentgeltlich am Unterricht teilnehmen. Vor allem wurde Latein gelehrt; dabei dienten als Unterlage die Grammatik von William Lilly und die *Sententiae Pueriles* von Leonhard Culmann, nach denen die Schüler zahlreiche Zitate aus Plautus, Terenz, Vergil, Ovid auswendig lernten:

DEMETRIUS: *Integer vitae, scelerisque purus*
Non eget Mauris jaculis nec arcu
CHIRON: *Der Vers steht im Horaz, ich kenn' ihn wohl;*
Ich las ihn in der Schul' als Knabe schon.» [13]

Sprachkunde und nationale Geschichte fußten auf der *Rhetorik* Wilsons und den Chroniken von Hall und Holinshed; es ist bekannt, wie sehr sich Shakespeare von den letzteren in seinen historischen Dramen inspirieren ließ. Doch sei nochmals betont, daß diese Feststellungen eine reine Hypothese bleiben, da nichts beweist, daß der künftige Dichter jemals die Schule besuchte. Ein recht geringfügiges Anzeichen spricht freilich dafür. Wir besitzen zwar keine Manuskripte Shakespeares, aber die Unterschriften, die uns geblieben sind, bezeugen, daß er die alte gotische Schrift — wie sie noch die Lehrer in

Shakespeares Geburtshaus
(Zeichnung aus dem Jahr 1788)

Das Haus im heutigen Zustand

Der Schulraum, in dem Shakespeare Lateinisch lernte

Stratford lehrten — und nicht die italienische Kalligraphie verwandte, wie sie in den Universitäten und literarischen Kreisen gebräuchlich war. Somit spricht auch nichts dafür oder dagegen, daß der junge William in dieser *Grammar School* die paar griechischen Brocken, die er Jonson zufolge gekannt haben soll, Walisisch, Italienisch wie auch die französischen Wendungen gelernt hat, mit denen er *Die lustigen Weiber von Windsor* und *Heinrich V.* durchwirkt hat:

KATHARINA: *Comment appelez-vous la main en Anglois?*
ALICE: *La main? Elle est appelée de hand.*
KATHARINA: *De hand. Et . . . comment appelez-vous le pied et la robe?*
ALICE: De foot, *madame*, et de coun! *O Seigneur Dieu! ce sont mots de son mauvais, corruptible, gros et impudique, et non pour les dames d' honneur d' user!* [14]

Doch es gab andere Lehrer, die auf eine noch unmittelbarere Weise den heranwachsenden Knaben beeinflussen konnten. Die Schauspieler, die einstmals als ‹Gauner und Vagabunden› von den staatlichen und kirchlichen Behörden verfolgt worden waren, hatten im Jahre 1572 ein Statut erhalten, das sie befugte, sich zu Truppen zusammenzuschließen, die im Dienste von hohen Würdenträgern standen. Die reichsten Aristokraten förderten nunmehr die Komödianten, die an Festtagen Aufführungen für sie veranstalteten und in der Zwischenzeit in den Wirtshäusern der Provinz auftraten. Freilich waren ihre Requisiten dabei recht bescheiden, wofür *Ein Sommernachtstraum* ein schönes Beispiel enthält:

Stratford-on-Avon

SEQUENZ: *Ja, es könnte auch einer mit einem Dornbusch und einer Laterne herauskommen und sagen, er komme, die Person des Mondscheins zu defigurieren oder zu präsentieren. Aber da ist noch ein Punkt: wir müssen in der großen Stube eine Wand haben; denn Pyramus und Thisbe, sagt die Historie, redeten durch die Spalte einer Wand miteinander . . .*

ZETTEL: *Einer oder der andre muß die Wand vorstellen; und laßt ihn ein bißchen Kalk, oder ein bißchen Leim, oder ein bißchen Mörtel an sich haben, um Wand zu bedeuten; und laßt ihn seine Finger so halten, und durch die Ritze sollen Pyramus und Thisbe wispern.*[15]

Trotzdem hatten sie, wenn man den zeitgenössischen Berichten Glauben schenken darf, ein so zahlreiches Publikum, daß sie sich dadurch nachhaltig bei den Puritanern verhaßt machten. In jedem Kirchspiel und sogar im Schoße der Ratsversammlungen spielte sich zwischen Anhängern und Verächtern des Theaters ein stiller Kampf ab. Der Bannfluch, den ein Thomas White und ein John Stockwood *ex cathedra* gegen die Mimen schleuderten, hielt indessen Shakespeares Vater nicht davon ab, ihnen als erster das Rathaus zu öffnen. Gerade die Zeit seiner Amtsmannschaft wurde durch den Durchzug maßgeblicher Komödiantentruppen belebt: es kamen die Schauspieler der Königin und der Grafen Leicester, Worcester und Warwick. Augenscheinlich gehörte William somit einer Familie an, in der das Theater sehr in Gunst stand, und man kann auch mit Sicherheit annehmen, daß er Szenen beiwohnte, wie sie *Hamlet* und *Der Widerspenstigen Zähmung* in Erinnerung rufen:

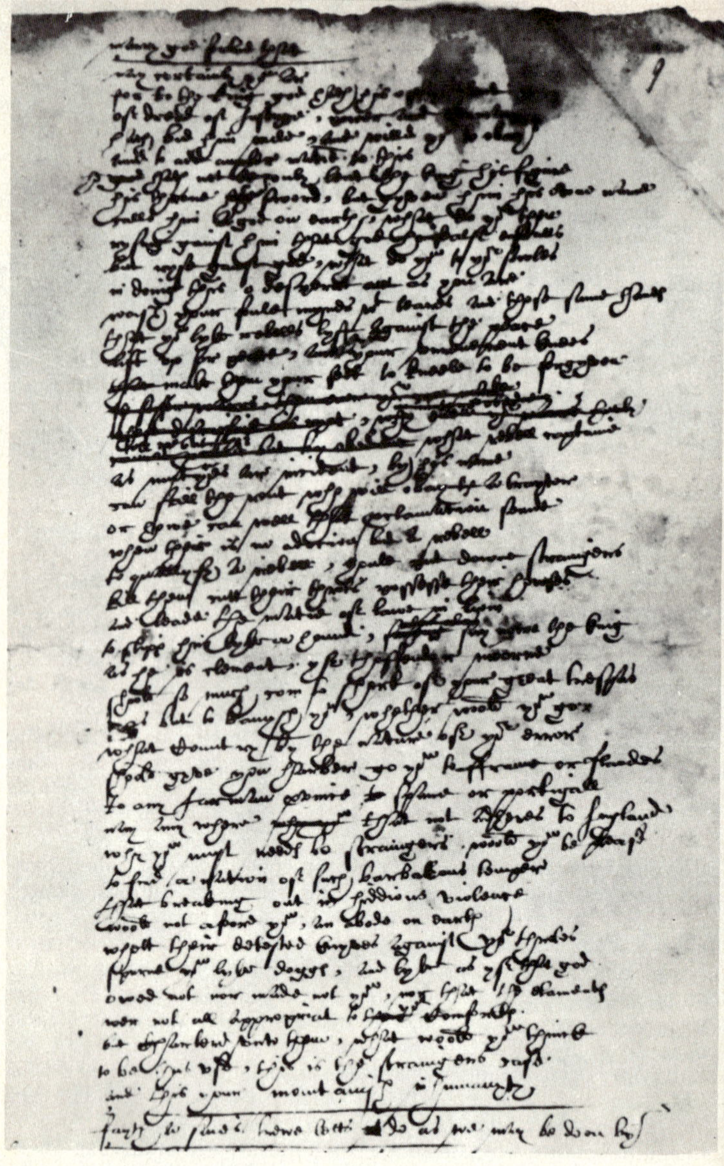

Ein Text von Sir Thomas More, wahrscheinlich in Shakespeares Handschrift

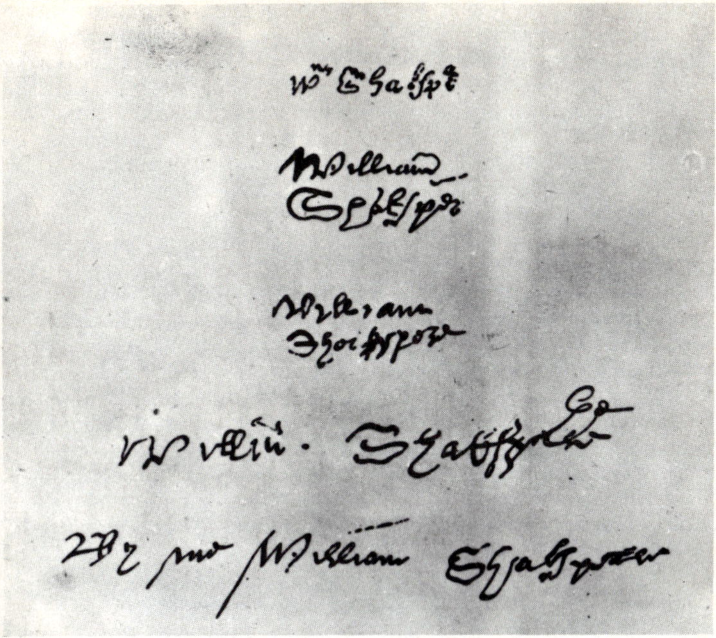

Unterschriften von Shakespeare

Polonius: *Die Schauspieler sind hergekommen, gnädiger Herr.*
Hamlet: *Lirum, larum.*
Polonius: *Auf meine Ehre.*
Hamlet: *‹Auf seinem Eslein jeder kam› –*
Polonius: *Die besten Schauspieler in der Welt, sei es für Tragödie, Komödie, Historie, Pastorale, Pastoral-Komödie, Historiko-Pastorale, Tragiko-Historie, Tragiko-Komiko-Historiko-Pastorale, für unteilbare Handlung oder fortlaufendes Gedicht. Seneca kann für sie nicht zu traurig, Plautus nicht zu lustig sein . . .*[16]

Nicht weit davon, in Coventry, setzte sich die Tradition der Mysterienspiele und Moralitäten fort, derentwegen früher ganze Provinzen zusammengeströmt waren. Das geistliche Drama, das zunächst lediglich die Liturgie abwandelte, war im Laufe des 13. und 14. Jahrhunderts säkularisiert worden, so daß der Klerus seine Verlegung von der Kirche auf den Vorplatz und sodann in die Stadt veranlaßt hatte. Jede Zunft ließ es sich im Rahmen ihres Sachgebiets angelegen sein, derartige Schauspiele zu inszenieren. So weihten die Goldschmiede in der *Anbetung der heiligen drei Könige* Jesus ihre Schätze und

Kostbarkeiten; die Bäcker und Winzer spielten gern *Das heilige Abendmahl* oder *Die Verwandlung von Wasser in Wein*; die Kirchenbauer errichteten eine Arche Noah, während Fischer und Fischhändler Noahs Abenteuer darstellten. Die Schauspieler, die auf fahrenden Bühnen oder *pageants* auftraten, wanderten von Ort zu Ort, wie die Darsteller der *Autos sacramentales,* und verschmähten es auch nicht, gelegentlich auf die Landstraße hinabzusteigen, wie der *Herodes* von Coventry. Diese volkstümlich gestalteten Mysterienspiele nahmen unwillkürlich weltliche Formen an, während ihnen die Moralitäten die Gunst des Publikums streitig machten. Am Ausgang des 15. Jahrhunderts zeugte bereits der gewaltige Erfolg von der Vitalität des englischen Theaters. Im Jahre 1519 sah man noch in *Die Vier Elemente,* wie das ‹Reine Streben› das Kind ‹Menschheit› den Lockungen der ‹Sinnlichen Begierde› entzog. Zwischen diesen Inbegriffen menschlicher Beziehungen waren mit Zynismus oder gutmütigem Spott Intrigen eingewoben, die in ihrer Schlußmoral mitunter die zartesten, die seltensten Empfindungen ausdrückten. Man kann nicht genug betonen, daß tausend Analogien diese Kunst mit dem Theater Shakespeares verbinden. Der ganze Aufbau seiner Tragödien – vom Sündenfall bis zur Erlösung – geht auf die Mysterienspiele zurück, und man braucht nur den Ausgang des *Perikles* zu zitieren, um sogleich an die Moralitäten zu denken:

> *«Antiochus nebst Tochter euch verkündet,*
> *Wie frevle Lust gerechte Strafe findet.*
> *In Perikles mit Weib und Kind erseht,*
> *Wie Tugend trotz des Schicksals Wut versteht*
> *Dem Sturz mit Himmels Hilfe zu entrinnen,*
> *Der Freuden Krone schließlich zu gewinnen.*
> *In Helicanus euren Blick erfreut*
> *Ein Bild von Treue und von Redlichkeit.»* [17]

Vermutlich hat ferner ein besonderes Ereignis in der Phantasie des Kindes einen gewissen Eindruck hinterlassen. Im Juli 1575 hatte der Favorit Robert Dudley, Graf Leicester, den Einfall, in Kenilworth großartige Feste zu Ehren Elisabeths zu veranstalten. Zahlreiche Schaulustige fanden sich ein. Viele Biographen ziehen daraus sofort den Schluß, daß auch John Shakespeare seinen ältesten Sohn hingeführt habe. Die Scharfsinnigsten meinen sogar in den Märchenszenen des *Sturm* oder des *Sommernachtstraums* Reminiszenzen an diese Lustbarkeiten zu entdecken. In Wahrheit ist es recht unwahrscheinlich, daß die Shakespeares an ihnen teilnahmen. Zumindest hörte der junge William oft davon reden, und es ist denkbar, daß diese Erzählungen gewisse dramatische Neigungen in ihm weckten, die nur auf eine Gelegenheit warteten, um sich kundzutun.

Wenn man der Legende Glauben schenkt – aber sollte man das? –, fanden diese Neigungen bald ein bezeichnendes Betätigungsfeld: den Schlachthof. Denn in der gleichen Epoche, in der die Enthusiasten

Robert Dudley, Earl of Leicester

den Vater Shakespeare bei aristokratischen Festgelagen wähnen, begann er mit ziemlich argen finanziellen Schwierigkeiten zu kämpfen. «Während er bis dahin beträchtliche Summen zu den Gemeindelasten – Kontributionen und Abgaben – beigesteuert hatte, sehen wir, wie er im Jahre 1577 vom Armenpfennig befreit und mit einem sehr niedrigen Betrag für die Aushebungskosten eingestuft wurde. Zum gleichen Zeitpunkt hatte er die Besitzungen seiner Frau belastet. In den folgenden Jahren ist er in Transaktionen oder schwierige Prozesse mit seinen Gläubigern verwickelt. (In den guten Zeiten war er es, der seine Schuldner verfolgte.) Zugleich nahm er nicht mehr an den Sitzungen des Stadtrats teil, wo sein Name nur noch selten in den Protokollen erscheint. Ende 1586 wurde ein neuer Ratsherr an seiner Stelle ernannt, ‹weil Herr Shakespeare nicht mehr zum Stadtrat kommt, wenn Sitzung ist, und zwar schon seit längerer Zeit› ...» usw.[18] Angesichts all dieser Schicksalsschläge wird es verständlich, daß er in den Jahren 1577–1578 seinen Sohn aus der Schule nimmt, um ihn in die Lehre zu geben – ein Umstand, der der Phantasie der Chronisten einen breiten Spielraum läßt. Da keinerlei Indiz die verschiedenen Hypothesen widerlegt, kann sich jeder nach Belieben ausmalen, wie der junge Mann mit Michael Drayton auf der Burg Plesworth Freundschaft schließt, in Wincot im Wirtshaus von Marianne Hacket Bier ausschenkt, als Page Fulk Grevilles in Beaucamp Court Dienst tut, als Chorknabe in einer katholischen Adelsfamilie amtiert oder Kälber auf die antike Weise, von der uns John Aubrey berichtet, zum Opfer bringt.

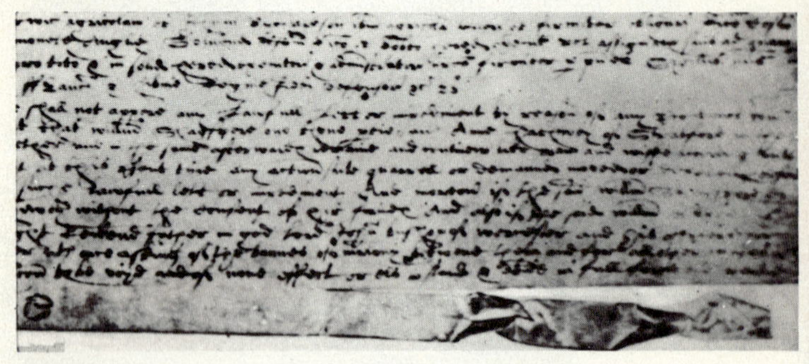

Urkunde über die Heirat zwischen «William Shagspere and Anne Hathwey»

In Wahrheit lichtet sich das Dunkel, in das diese Jahre versinken, erst am 27. und 28. November 1582; unter diesem Datum steht im Kirchenbuch von Worcester verzeichnet, daß William Shagspere und Anne Hathwey die Heiratserlaubnis erteilt wird; es folgt eine Urkunde, durch die sich zwei Freunde der Familie verpflichten, dem bischöflichen Ordinariat vierzig Pfund zu zahlen, falls dem Ehebunde ein gesetzliches Hindernis entgegenstehen sollte. Sechs Monate später, am 26. Mai 1583, taufte der Pfarrer von Stratford die kleine Susanna, die dieser hastig geschlossenen Ehe entsprossen war. Am 12. Februar 1585 folgte eine weitere Taufe; diesmal waren es Zwillinge namens Hamnet und Judith. Schließlich erscheint der Name Shakespeare in den Akten eines Prozesses, den ein Neffe Mary Ardens gegen Williams Vater angestrengt hatte. Und wiederum wird es dunkel um diese geheimnisvolle Persönlichkeit. Immerhin ist nunmehr das Kapitel des Provinzlebens abgeschlossen. Als wir Shakespeare nach mehreren Jahren wieder in London begegnen, steht er in enger Verbindung mit dem literarischen Leben und dem stürmischen Publikum, das die Theater in Southwark bevölkerte.

Man wird den Zeitpunkt, in dem er seine Heimatstadt verließ, auf das Jahr 1587 ansetzen können, jedoch sind uns die Gründe für diesen Aufbruch völlig unbekannt. Und wie stets in solchen Fällen sprießen die Hypothesen empor. Am naheliegendsten und am schlechtesten nachzuprüfen ist die Vermutung, daß es zwischen den jungen Eheleuten zu Mißhelligkeiten kam. Geht man von den ersten Komödien aus, so hatte Shakespeare in jener Epoche keine hohe Vorstellung vom Ehestande.

> *«Das gift'ge Schrein der eifersücht'gen Frau*
> *wirkt tödlicher als tollen Hundes Zahn»,*

sagt er.[19] Und an anderer Stelle heißt es:

> *«Wie schäm' ich mich, daß Fraun so albern sind!*
> *Sie künden Krieg und sollten flehn um Frieden.»*[20]

Soll man also mit James Joyce vermuten, «die grauäugige Göttin, die sich über den Epheben Adonis neigt», sei identisch mit «jener ausgelassenen Dirne aus Stratford, die sich in einem Weizenfelde mit einem Liebhaber balgt, der jünger ist als sie?» und annehmen, der Dichter habe sich noch an jene ‹Szenen in den Kamillen› erinnert, als er ihr testamentarisch nur ein minderwertiges Bett vermachte? Gegen diese verführerische Theorie spricht, was der Reverend Richard Davies schon um das Jahr 1690 seinem Publikum mitteilte: Shakespeare sei von Stratford geflohen; die Polizei sei ihm nämlich auf den Fersen gewesen, weil er im Park Sir Thomas Lucy's gewildert habe, — Lucy's, der ‹ehrbaren Amtsperson›, die er in Gestalt des Friedensrichters Schaal lächerlich machen sollte.

FALSTAFF: *Nun, Herr Schaal, ihr wollt mich beim König verklagen?*
SCHAAL: *Ritter, ihr habt meine Leute verprügelt, mein Wild erlegt und mein Jagdhaus erbrochen! —*
FALSTAFF: *Aber doch eures Försters Töchterlein nicht geküßt?*[21]

Einige Biographen, die nüchterner eingestellt sind, mutmaßen, dem jungen Mann, der zunächst Lehrer in einer Landschule gewesen sei, habe man in London eine einträgliche Stelle angeboten. Welch eine Stelle? Als Pferdewart an den Theatereingängen, meinen die einen; als Schreiber beim Notar, versichern die anderen; als Korrektor bei einer Druckerei, sagen Dritte, und so geht es fort. Seltener wird geschildert, wie er am Feldzug in den Niederlanden teilnimmt, sich vor den Katholikenverfolgungen in Sicherheit bringt oder in Italien und in Navarra die Orte aufsucht, die er durch seine Dramen unsterblich machen sollte. All diesen mehr oder weniger bestechenden Abschweifungen liegt ein entscheidendes Faktum zu Grunde: Im Jahre 1592 befindet sich Shakespeare in der englischen Hauptstadt und macht bereits einigermaßen von sich reden.
Im Sommer 1592 weist nämlich ein Pamphlet Robert Greenes darauf hin, daß sich dieser erstaunliche Reisende in London aufhält. Der

berühmte Autor von *Friar Bacon and Friar Bungay* beklagt sich bitterlich über die Undankbarkeit der Schauspieler, die ihm Ansehen und Glück verdanken. In seiner Schrift nimmt er gewissermaßen Abschied von seinen letzten Freunden, um sie vor solch einem Mißgeschick zu warnen. «Mißtraut den Komödianten», lautet sein Ratschlag, und dann fügt er hinzu, in ihrer Rotte befinde sich «ein Emporkömmling, ein Rabe, der sich mit unseren Federn schmückt; der sich mit seinem in der Haut eines Mimen verborgenen Tigerherzen für ebenso fähig hält wie die Besten von uns, einen Vers auszuschmücken, und sich, als ein richtiger Hans Dampf in allen Gassen, einbildet, er sei der einzige ‹Bühnenerschütterer› im ganzen Land». *Shake-szene:* obwohl der Name hier nur zu einem Wortspiel benutzt wird, ist sicherlich Shakespeare gemeint. Die Dramen über Heinrich VI., die ihm zugeschrieben werden, erzielten damals einen Erfolg, der durchaus dazu angetan war, die Bewunderung wie auch den Neid der Rivalen zu erregen. Doch der Anteil, der Shakespeare an diesen Dramen zukam, bleibt recht umstritten, und die Auffassungen der Kritiker über den wahren Autor gehen weit auseinander. Manche Szenen erinnern ausgesprochen an den Stil Marlowes, der Ton anderer läßt an Greene denken, und um den Fall noch verwickelter zu

machen, schließt sich auch Chapman der Schar der Prätendenten an. Somit scheint die Invektive des Pamphletisten völlig gerechtfertigt zu sein: Shakespeare hätte sich demnach nicht gescheut, die von seinen Zeitgenossen verfaßten Texte als Plagiator zu benutzen. Jedenfalls verschied Greene bald, nachdem er seinem Zorn freien Lauf gelassen hatte –, am 3. September 1592. Sechs Monate später hielt Shakespeare seinen öffentlichen Einzug im literarischen Leben, als er dem Grafen Southampton *Venus und Adonis* widmete. Zu jenem Zeitpunkt bestanden in London bereits drei ständige Theater. Das erste: *The Theatre* war im Jahre 1576 in Shoredetch, im Norden der Stadt, durch James Burbadge, ein Mitglied der Truppe des Grafen Leicester, erbaut worden. Dieses gute Beispiel spornte zu weiteren Gründungen an: Bald danach öffnete das nahegelegene *The Curtain* seine Tore, während *Newington Butts* und *Rose* ein immer zahlreicheres Publikum auf dem südlichen Themseufer anlockten.

«Man sagt, die Stadt sei voll Betrügerei'n,
Behenden Gauklern, die das Auge blenden,
Nächtlichen Zaubrern, die den Sinn verstören,
Mordsücht'gen Hexen, die den Leib entstellen,

VENVS
AND ADONIS

Vilia miretur vulgus: mihi flauus Apollo
Pocula Caſtalia plena miniſtret aqua.

LONDON
Imprinted by Richard Field, and are to be ſold at
the ſigne of the white Greyhound in
Paules Church-yard.
1593.

Titelblatt von «Venus und Adonis», Shakespeares erster Publikation

Verlarvten Gaunern, schwatzenden Quacksalbern,
Und von Freigeistern aller Art und Zucht.
Ist das der Fall, so reis' ich früher noch.» [22]

Doch ist anzunehmen, daß sich die Schauspieler nicht diese Überlegungen des Antipholus zu Herzen nahmen; jedenfalls wurden in dieser von Beutelschneidern und Dirnen bevölkerten Vorstadt im Jahre 1596 das *Swan* und schließlich im Jahre 1599 das *Globe* eröffnet.

Das Globe Theatre

Von der Posse bis zur Tragödie begeisterten jahraus jahrein an die fünfzig Stücke die Menge, in der der Grandseigneur ebenso vertreten war wie der Gassenjunge. Die einzelnen Truppen lagen im schärfsten Wettstreit miteinander, und eine jede würzte ihre Vorstellungen mit Scherzworten, die an die Adresse der Konkurrenz gerichtet waren:

«. . . Es hat sich da eine Brut von Kindern eingefunden, kleine Nesthäkchen, deren Stimme am Ende ihrer Rede ständig überschnappt, wofür sie gewaltig beklatscht werden. Die sind jetzt Mode und beschnattern die gemeinen Theater (so nennen sie's) auf solche Weise, daß viele, die Degen tragen, sich vor Gänsekielen fürchten und sich kaum getrauen, hinzugehn.» [23]

Da diese frühen Stücke nicht gedruckt wurden, sind sie mit wenigen Ausnahmen verschollen: Zu diesen gehören *Tamerlan* von Marlowe, *Friar Bacon* von Greene, *Die spanische Tragödie* von Kyd . . . Wir wissen zur Not noch, daß in ihnen auch die düsterste Dramatik mit derber Komik Hand in Hand ging, und daß die Handlung, zwischen zwei oder drei Morden, gern durch Gedichte und Lieder unterbrochen wurde:

«Hier ist eins mit einer sehr kläglichen Melodie: Wie eines Wucherers Frau in die Wochen kam mit zwanzig Geldsäcken, und wie sie ein Gelüst hatte nach Schlangenköpfen und frikassierten Kröten . . . Hier ist eine andere Ballade, von einem Fisch, der sich an der Küste sehen ließ, Mittwoch, den 28. April, vierzigtausend Klafter über dem Wasser, der sang diese Ballade gegen die harten Herzen der Mädchen . . .» [24]

Die einzigen Zeugnisse, die über diese ersten Schauspiele auf uns gekommen sind, muten durch ihre Zahl und ihre Qualität höchst unzulänglich an. Drei oder vier Abhandlungen von Thomas Nashe, eine

Kritik aus der Feder Philip Sidneys, ein moralisches Pamphlet von Stephen Gosson, eine Schilderung Londons von John Stow, drei oder vier Reiseerinnerungen, ein Essay von Thomas Dekker, einige puritanische Predigten, die Texte einiger Verordnungen, — dieses Material reicht kaum aus, um die Atmosphäre jener aufblühenden Kunst wieder erstehen zu lassen. Es ist ein besonderer Glücksfall, daß das berühmte Tagebuch Philip Henslowes von 1592 ab die Lücken ausfüllt. Der Verwalter der Theater *Rose* und *Swan*, Eigentümer von *Fortune* und sodann von *The Hope*, diese graue Eminenz des elisabethanischen Theaters, dessen Schwiegertochter später den Dramatiker Edward Alleyn heiratete, hatte die aufgeführten Stücke, die Aufwendungen für die Darsteller, die Manuskripte, die Kostüme, die Requisiten usw. in seinen Registern verzeichnet. Der Name des Dichters Shakespeare erscheint darin nicht. Ist das verwunderlich? «J. M. Robertson weist darauf hin, daß keine Zahlung an irgendeinen Schauspieler vor dem Jahre 1597 im ‹Tagebuch› erwähnt ist. Die Truppe Burbadge, die damals in Diensten des Lordkanzlers stand — die Truppe, zu der der Schauspieler Shakespeare gehörte und für die der Dichter Shakespeare schrieb — unterhielt aber zu diesem Zeitpunkt keinerlei Beziehungen mehr zu Henslowe und trat in keinem seiner Theater mehr auf.» (Martin Maurice).
Welch eine Existenz führte also dieser ‹bedeutende Unbekannte› seit seiner Ankunft in London? Wahrscheinlich lebte er in der Umgebung Richard Fields, eines früheren Mitschülers. Dieser bedürftige junge Mann, der drei Jahre älter war als Shakespeare, Sohn eines Lohgerbers in Stratford, hatte im Jahre 1579 bei Thomas Vautrollier, einem französischen Buchhändler in Blackfriar, eine Stellung als Kommis angetreten. Acht Jahre später, als der Inhaber verstorben war, übernahm er die Druckerei und zugleich Vautrolliers Witwe. Sowohl seine Ehe wie seine Geschäftstätigkeit trugen reiche Frucht, wobei die letztere den Vorzug hat, daß sie den *Plutarch* von North und die *Metamorphosen* des Ovid hervorbrachte, — zwei Bücher, die Shakespeare zu seiner geistigen Kost erwählte. Denn Shakespeare ging damals schon im Laden, vielleicht aber auch — wie böse Zungen behaupten — im Alkoven ein und aus. «Manche Biographen nehmen sogar an, Jacqueline Vautrollier, die im Januar 1588 ‹Jacklin› Field geworden war, müsse, als geborene Französin, eine verführerische dunkle Schönheit gewesen sein, und wenn es sich darum handelt, die düstere Zauberin zu entdecken, die Shakespeares Seelenfrieden störte, beanspruchen sie für sie einen Platz neben Mary Fitton, die nur eine schwache Anwärterin ist, und Mistress Davenant, die recht gewichtige Argumente für sich hat.» (Longworth-Chambrun). Doch auf solche Frivolitäten kommt es hier nicht an. Wichtig ist hingegen, daß im Jahre 1593 die erste, mit dem Namen William Shakespeare gezeichnete Schrift aus Richard Fields Druckerei hervorging: *Venus und Adonis*, mit der hübschen Widmung an Henry Wriothesley, Earl of Southampton.
Dieser junge Edelmann von ephebenhafter Schönheit hatte damals

TO THE RIGHT
HONOVRABLE, HENRY
VVriotheſley, Earle of Southhampton,
and Baron of Titchfield.

HE loue I dedicate to your Lordſhip is without end: wherof this Pamphlet without beginning is but a ſuperfluous Moity. The warrant I haue of your Honourable diſpoſition, not the worth of my vntutord Lines makes it aſſured of acceptance. VVhat I haue done is yours, what I haue to doe is yours, being part in all I haue, deuoted yours. VVere my worth greater, my duety would ſhew greater, meane time, as it is, it is bound to your Lordſhip; To whom I wiſh long life ſtill lengthned with all happineſſe.

Your Lordſhips in all duety.

William Shakeſpeare.

A 2

Die Widmung aus «The Rape of Lucrece»

Cambridge verlassen und bereitete sich durch das Studium der Rechte auf die Verwaltung eines erheblichen Vermögens vor. Wahrscheinlich gewann Shakespeare seine Gunst während einer Aufführung der *Komödie der Irrungen* in *Gray's Inn*. Der intelligente, kultivierte und etwas eitle Southampton wurde alsbald Gegenstand eines wahrhaften poetischen Kultes: Nacheinander widmeten ihm Gervase Markham, Barnabe Barnes, Samuel Daniel schmeichlerische Verse. Shakespeare beklagt sich darüber ein wenig in den *Sonetten*:

«Oft rief ich dich als meine Muse an,
Und du hast so viel Kraft dem Lied geschenkt,
Daß manche Feder es mir nachgetan
Und nur von dir beschirmt zu dichten denkt.» [25]

Im Jahre 1593 war indessen Shakespeare der erste Diener dieses Kultes. Da er seinen Namen mit dem des Erwählten vereint hatte, erwuchs ihm nach dem sofortigen Erfolg von *Venus und Adonis* die Verpflichtung, die Glut seiner Verehrung noch zu steigern. Schon im folgenden Jahre erschien denn auch, abermals bei Freund Field, eine lange Versdichtung: *Lucrezia*, der eine überschwengliche Widmung vorausging:

«Dem sehr ehrenwerten Henry Wriothesley Grafen von Southampton und Baron von Titchfield.
Die Zuneigung, die ich Eurer Gnaden entgegenbringe, ist ohne Ende: hiervon ist diese kleine Schrift ohne Anfang nur ein unbedeutendes Teilchen. Das Wohlwollen, das mir Euer Gnaden bezeugen, nicht der Wert meiner ungelenken Verse bürgt mir dafür, daß ihre Aufnahme gesichert ist. Was ich getan habe, ist Euer; was ich noch tun muß, ist Euer, denn es hat Anteil an all meinem Besitz, der Euch geweiht ist. Wäre mein Wert größer, würde auch meine Ergebenheit größer erscheinen; indessen steht sie, so wie sie ist, im Dienst Eurer Gnaden, der ich ein langes Leben wünsche: Durch alles denkbare Glück möge es noch länger währen.
Euer Gnaden ganz ergebener William Shakespeare.»

Der Schauspieler Edward Alleyn

Es läßt sich denken, daß der edle Lord den Dichter nach solchen Beteuerungen mit offenen Armen in seinem Hause aufnahm. Zufällig befand sich dort die Bibliothek, in der Giovanni Florio die italienischen Novellisten sammelte. Dem Umgang mit diesem berühmten Sprachgelehrten hatte es Shakespeare zweifellos zu verdanken, daß er in diesen entscheidenden Jahren Ariost, Boccaccio, Machiavelli, Bandello, Cintio, Fiorentino kennenlernte, von Rabelais, Montaigne oder Belleforest ganz zu schweigen. Doch Florio sah voller Mißvergnügen, wie dieser dahergelaufene Poet schamlos seine Bücher ausplünderte. Wie früher Greene beschuldigte er ihn im Jahre 1598, er sei eine Dohle und stehle anderen ihre Habe. Was half das? Die Zeitläufte sind grausam: *Il Pecorone*, die *Hecatommithi*, die *Novelle* sind vergessen; *Der Kaufmann von Venedig, Othello, Romeo und Julia* haben Ewigkeitswert erlangt. «In der Kunst», pflegte Wagner zu sagen, der darin Erfahrung hatte, «wird Diebstahl nur durch Mord gerechtfertigt.»

Wie das Plagiat damals unter den Literaten hauste, so wütete die Pest in den Armenvierteln. Eine Verordnung des Lord-Mayor gebot sogar den Theatern, zu schließen, sobald die wöchentlichen Opfer mehr als dreißig betrugen. Im gleichen Jahr, in dem *Lucrezia* erschien, nahm die Seuche an Heftigkeit zu. So liefen die Schauspielertruppen auseinander und kehrten erst im Spätsommer wieder in die Hauptstadt zurück. Zunächst hatte Edward Alleyn den Gedanken, die Schauspieler in Diensten des Admirals und die des Lord Chamberlain miteinander zu vereinigen; er brachte auch *Titus Andronicus* sowie *Der Widerspenstigen Zähmung* heraus. Das Experiment war indessen nur von kurzer Dauer: Im Herbst 1594 gewann jede Truppe ihre Selbständigkeit zurück. Des Haderns müde, ließ Alleyn seine Komödianten in den Sälen Philip Henslowes auftreten, während Richard Burbadge, Shakespeare und William Kempe wieder im alten Theater in Shoreditch spielten. Beide Truppen, die sich derart getrennt hatten, unterhielten fortan nur recht lose Beziehungen. Ende des Jahres wird Shakespeares Name zum ersten Mal unter den Schauspielern im Dienste des Lord Chamberlain erwähnt, anläßlich von ‹Komödien und Intermezzos, die sie in Anwesenheit Ihrer Majestät aufgeführt haben›. Im Jahre 1598 feiert ihn schon der Kritiker Francis Meres als den größten Dramatiker des englischen Theaters. ‹Wie Plautus und Seneca bei den Römern als die besten Lustspiel- und Tragödiendichter galten, so ist Shakespeare bei den Engländern der hervorragendste Vertreter beider dramatischer Gattungen. Hiervon zeugen für das Lustspiel: *Die beiden Veroneser, Die Komödie der Irrungen, Verlorene Liebesmüh, Ende gut, alles gut, Ein Sommernachtstraum* und *Der Kaufmann von Venedig*; für die Tragödie: *Richard II., Richard III., Heinrich IV., König Johann, Titus Andronicus* und *Romeo und Julia.*›

Auf dem Wege zum Ruhm scheint so seit Stratford-on-Avon schon eine weite Strecke zurückgelegt zu sein. Zwei Ereignisse führen uns jedoch im Jahre 1596 nochmals in die bescheidene Landstadt zurück. Am 11. August starb Hamnet, der einzige Sohn des Dichters, im Alter von elf Jahren. Mag es auch zweifelhaft sein, ob sich Shakespeare jemals zum Familienvater berufen fühlte, so weiß man doch nicht, welche Rückwirkungen solch ein Schicksalsschlag auf sein Seelenleben und sein Werk gehabt hat. Manche Autoren sehen einen Zusammenhang zwischen dem Tod des Sohnes und dem Ursprung der ‹dunklen Periode›. James Joyce wollte sogar die Entstehung von *Hamlet* damit erklären, wobei er von der verwirrenden Ähnlichkeit der beiden Namen ausging. All das sind leere Vermutungen: die Texte schweigen darüber. Kaum entdeckt man eine Erinnerung an

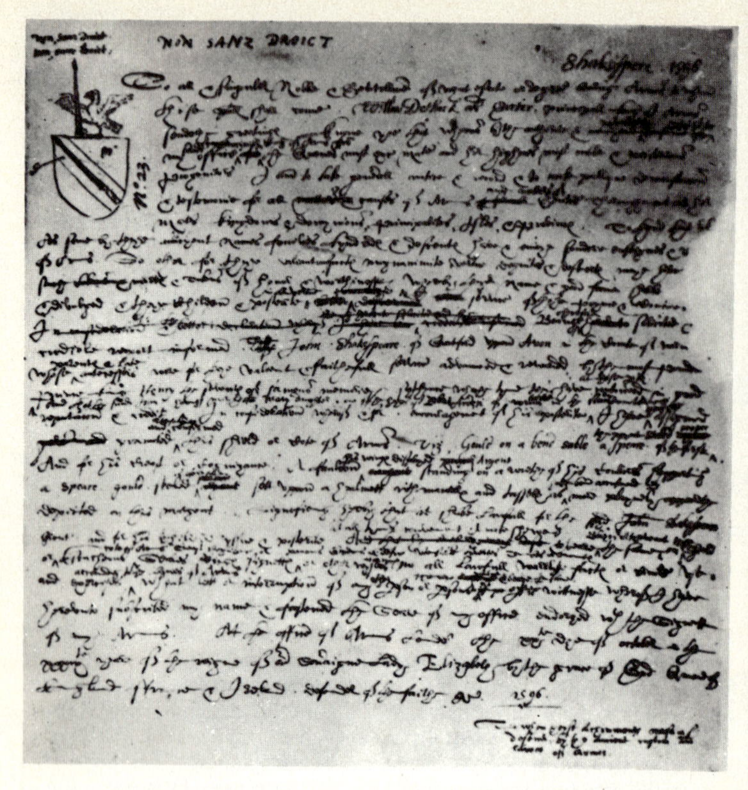
NON SANZ DROICT

John Shakespeare erhält die Erlaubnis, ein Wappen zu führen

dieses Ableben im Sterben des Prinzen Arthur oder des schalkhaften Mamilius. Nun ist aber *König Johann* vier Jahre früher entstanden, und *Das Wintermärchen* stammt aus dem Jahre 1611; wenn also Shakespeare wirklich einen gewissen Schmerz empfunden haben sollte, so wäre es verwunderlich, wenn er fünfzehn Jahre gewartet hätte, um ihn auszudrücken. Man wird hingegen nicht darüber erstaunt sein, daß sich die Kritik weit weniger für den Tod des Kindes als für die Verleihung eines Adelswappens an seinen Großvater interessiert. – Am 20. Oktober erhielt nämlich der alte John Shakespeare, der wieder zu Gelde gekommen war, auf Antrag die Genehmigung, ein Wappen ‹zu führen und zur Schau zu tragen›, das im Diplom des heraldischen Kollegiums beschrieben wird als ‹golden mit einem schwarzen Schrägbalken, einer goldenen Lanze mit scharfer Spitze und als Helmstutz oder Attribut einen Falken mit ausgebreiteten silbernen Flügeln, der auf einer Borte in gleichen Farben sitzt und

eine goldene Lanze hält, die geschärft ist wie oben beschrieben›. Der Wappenspruch lautete: *Non sans droict* (‹Nicht ohne Recht›). War vielleicht Ben Jonson auf dieses Privileg neidisch, als er Sogliardos Wappenschild und seine Devise ‹Nicht ohne Senf› verspottete? Diese Anspielung berechtigt uns jedenfalls zu der Annahme, daß das Theater ein einträgliches Geschäft war, und daß Shakespeare nicht nur seine Verse, sondern auch seine Börse ‹aufzublähen› verstand.
«Ein Dichter», sagt Greene, «ist ein Vergeuder und Verschwender, dazu geschaffen, den Schankwirt reich und sich selber zum Bettler zu machen.» Sicherlich hätte Shakespeare die Spelunken und Bordelle, in die er Falstaff geleitete, nicht so anschaulich beschreiben können, wäre er nicht selber ein Besucher der *Sirene*, des *Schweinskopfs*, der *Mitra* und des *Dauphin* gewesen. Doch in diesen Kneipen, in denen er mit Jonson geistig die Klingen kreuzte, wie Thomas Fuller sich ausmalte, hat er gewiß kein großes Vermögen zurückgelassen. Wie wenig er für Verschwendungssucht übrig hatte, bezeugt der Vorwurf, den er gegen Timon erhebt, deutlich genug, und «aus seiner eigenen Hosentasche», sagt wiederum Joyce, «hat er Shylock hervorgeholt. Der Sohn eines Malzhändlers und Pfandverleihers war selber ein Pfandverleiher und Getreidewucherer, der zehn Maß Korn während der Hungersnot an sich raffte.» Das Inventar seiner Anschaf-

Richard Quiney bittet Shakespeare am 25. Oktober 1598 um ein Darlehen von 30 Pfund

Der Dramatiker Ben Jonson

fungen gibt ein gutes Bild von diesem Sinn für Sparsamkeit. Am 4. Mai 1597 kauft er von William Underhill für *sexaginta libras sterlingorum* das Haus, in dem er sich später zur Ruhe setzt: *New Place.* Hingegen wird er von den Steuereinnehmern der Pfarrei Saint Helen auf die Liste der Steuerpflichtigen gesetzt, die ihre Schuld nicht beglichen haben. In den folgenden Jahren erscheint sein Name noch fünfmal hintereinander auf der Liste. Am 25. Oktober 1598 erbittet Richard Quiney, Tuchhändler in Stratford — anscheinend vergeblich — ein Darlehen von dreißig Pfund, und ein Briefwechsel dieses Kaufmanns mit einem gewissen Abraham Sturley erweckt den Eindruck, daß der Dichter keine schlechten Geschäfte machte. Am 1. Mai 1602 kauft er für 320 Pfund 107 Morgen Ackerland in Old Stratford, Welcombe und Bushopton. In den Jahren 1607—1608 führt er einen Prozeß gegen einen gewissen Addenbrooke, der ihm sechs Pfund schuldete. Schließlich erwirbt er am 10. März 1613 von Henry Walker ein im Stadtteil der *Blackfriars* gelegenes Grundstück, das er alsbald mit einer Hypothek belastet. Doch unter diesen verschiedenen Transaktionen war eine, die in erster Linie mit seiner Schauspielerlaufbahn zusammenhing. Nachdem James Burbadge im Jahre 1597 gestorben war, hatten seine Söhne Richard und Cuthbert das Theater in Shoreditch geerbt. Als nun der im Jahre 1576 geschlossene Pachtvertrag ablief, widersetzte sich der Eigentümer des Terrains hartnäckig einer Verlängerung. Nach langen Disputen mußte die Truppe schließlich das Feld räumen; sie überquerte den Fluß und ließ sich in Southwark nieder, wo sie, nicht unweit von *Rose* und *Swan,* die Fahne des *Globe* hißte. Von diesem neuen Besitz behielten die Brüder Burbadge die Hälfte der Anteile und verkauften die übrigen an fünf Mitglieder ihrer Truppe. Auf diese Weise wurde Shakespeare zugleich Mitbegründer und Miteigentümer der berühmtesten elisabethanischen Bühne. Er blieb ihr fortan treu und spielte nur gelegentlich vor dem Hofe und im früheren Refektorium der *Blackfriars.*

Aus einigen Schilderungen, einer Skizze De Witts und dem Bauvertrag, der über *The Fortune* abgeschlossen wurde, wissen wir, wie damals ein öffentliches Theater aussah. Es war ein sechs- oder achteckiger Rundbau, der in der Mitte nach Art eines Brunnens einen

Hof aussparte, auf dem das Volk unter freiem Himmel dicht gedrängt herumstand, aß und trank oder sich die Füße vertrat. In der Umfriedigung stuften sich zwei oder drei, mit einem Strohdach bedeckte Galerien übereinander, in denen die prominenten Besucher Platz nahmen. Die Bühne, die sich etwa in Kopfhöhe erhob, wurde teilweise von einem Dach bedeckt, war acht Meter breit und zehn Meter tief und schob sich keilförmig ins Parterre vor, von dem sie durch ein Geländer geschieden war. Drei Spielflächen lagen dort nebeneinander: In der Vorbühne, die sich bis zu den Dachpfeilern hinzog, wurden Schlachten, Duelle, ländliche Feste dargestellt; weiter hinten in einem Alkoven, den ein Vorhang verhüllte, spielten sich die Ehebruchs- und Sterbeszenen ab, und im ersten Stock symbolisierte ein Balkon unter einem Schutzdach ebenso ein Mädchengemach wie die Wälle einer Burg. Wie es die Umstände erforderten, hing man dort abwechselnd Gobelins, Fahnen oder Trauerschleier heraus. Eine geschickt im Bühnenboden angebrachte Falltür gewährte Teufeln und Gespenstern Zugang, während vom Dach oder ‹Himmel› zuweilen die ‹Cherubim mit ihren jungen Augen› herabstiegen. Abgesehen von Tapisserien beschränkte sich der Dekor auf das Notwendigste: Ein Baum war ein Wald, ein großer Stein eine Felswand, und um der Phantasie nachzuhelfen, zeigte ein Zettel den Ort der Handlung an. Der Glanz der Kostüme, die mannigfachen Verkleidungen in Samt, Brokat, Atlas und Spitzen bildeten einen erfreulichen Kontrast zu solcher Dürftigkeit. Es traten keine Frauen auf; die Frauenrollen wurden von Jünglingen gespielt, denen eine anmutige Haltung, eine sanfte Stimme eignete. Offensichtlich war solch ein Theater auf die ständige Komplizität der Zuschauer angewiesen, – notfalls bat der Autor um Entschuldigung:

Hypothek vom 11. März 1613, mit Shakespeares Unterschrift

«Doch verzeiht, ihr Teuren,
Dem schwunglos seichten Geiste, der's gewagt,
Auf dies unwürdige Gerüst zu bringen
Solch großen Vorwurf. Diese Hahnengrube,

Faßt sie die Ebnen Frankreichs? Stopft man wohl
In dieses O von Holz die Helme nur,
Wovor bei Agincourt die Luft erbebt?»

und geizte nicht mit seinem Zuspruch:

«Ergänzt mit den Gedanken unsre Mängel,
Zerlegt in tausend Teile einen Mann,
Und schafft ein Heer in eurer Phantasie,
Denkt, wenn wir Pferde nennen, daß ihr sie
den stolzen Huf seht in die Erde prägen,
denn euer Sinn muß hier die Kön'ge schmücken,
Versetzt im Raum sie, überspringt die Zeit,
Verkürzet das Geschehen manchen Jahrs
Zum Stundenglase . . .» [26]

Der tiefgreifende Einfluß, den das Theater auf das Volksleben ausübte, bestimmte offenbar auch Essex' Komplicen, sich seiner als eines Instruments der politischen Propaganda zu bedienen. Die Ursachen der Rebellion sind wohlbekannt. Die aufbrausende Natur des Grafen, seine militärischen Mißerfolge, die Szenen, die er im Staatsrat herbeiführte, seine märchenhaften Schulden — all diese Umstände hatten dazu beigetragen, daß er schließlich in Ungnade gefallen war. Seit der ebenso kläglichen wie unerwarteten Heimkehr des Helden,

Das Globe Theatre

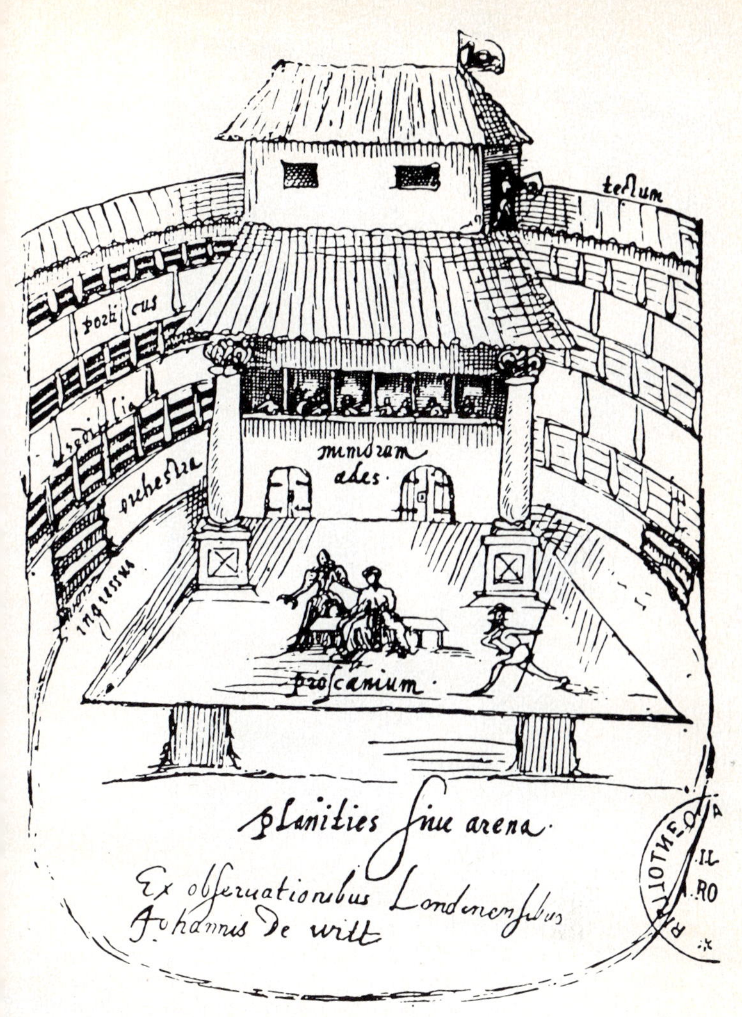

Das Swan Theatre, wo Shakespeares Truppe 1596 bis 1597 spielte

den Shakespeare schon ‹mit dem Aufstand, aufgespießt auf seinem Degen› aus Irland zurückkommen sah, hatte die Partei der Cecils bei der Königin ihr Spiel verloren. Als Essex sah, wie ihm hartnäkkig alle Privilegien verweigert wurden, um die er einkam – mochte es sich nun um das Staatssekretariat oder das Weinmonopol handeln –, geriet er in Zorn, nahm insgeheim mit Jakob VI. Fühlung auf und unternahm es, Elisabeth abzusetzen oder ihr doch zumindest

Robert Devereux, Earl of Essex

seine Forderungen deutlich zu machen. Am 6. Februar 1601 boten seine Anhänger der Direktion des *Globe* 40 Schilling, wenn sie die Entthronung Richards II. wieder auf den Spielplan setzte. Handelte es sich um Shakespeares *Richard II.*? Manch ein Kritiker bestreitet das heutzutage, da ja dieses Drama offenbar eher die legitimen Monarchen verteidigt als den Usurpatoren Weihrauch streut. Doch es ist schwer denkbar, daß das *Globe* mehrere Tragödien mit dem gleichen Thema auf seinem Repertoire hatte, und durchaus möglich, daß Shakespeare für diesen Anlaß die Repliken abmilderte, in denen Bolingbrokes Verbrechen gebrandmarkt wird. Wie dem auch sein mag: Am 7. wurde das Stück aufgeführt. Am 8. brach der Aufstand kläglich zusammen. Am 25. wurde Essex enthauptet, während die Königin seinen Parteigänger Southampton zu lebenslänglicher Haft begnadigte. Obwohl die Schauspieler des Lord Chamberlain nahezu

Komplicen waren, traten sie noch in der gleichen Woche vor dem Hofe auf.
Die Geschehnisse, die Menschen zogen vorüber; Shakespeare setzte sein Werk fort. Im Jahre 1598 hatte Andrew Wise den ersten *Heinrich IV.* gedruckt; im gleichen Jahre verzeichnete Cuthbert Burby im *Stationers Register*: ‹Die sehr vortreffliche Geschichte des Kaufmanns von Venedig. Mitsamt der ausnehmenden Grausamkeit des Juden Shylock gegen besagten Kaufmann, dem er ein Pfund Fleisch herausschneiden will, und der Gewinnung Portias durch die Wahl zwischen drei Kästchen. Wie sie zu verschiedenen Malen durch die Diener des Lord Chamberlain aufgeführt wurde. Geschrieben von William Shakespeare.› Auf diesen Registern, in denen die Zensoren die Druckerlaubnisse eintrugen, folgten im Jahre 1600: *Heinrich IV. Zweiter Teil, Viel Lärm um nichts, Der Sommernachtstraum.* Doch nach und nach überkam die Geschöpfe des Dichters eine seltsame Schwermut. Schon erschienen ihm die Gefühle, die er früher verherrlicht hatte, als leerer Wahn:

> *«Gemeiner Freund, das heißt: treulos und lieblos*
> *(Denn so sind Freunde jetzt) . . .»* [27]

Schon endeten seine köstlichsten Lustspiele in einem Ton tiefer Bitterkeit:

> *«Stürm', stürm', du Winterwind!*
> *Du bist nicht falsch gesinnt,*
> *Wie Menschen-Undank ist . . .»*

Eitelkeit der Mächtigen, Torheit der Liebenden, Verrat der Freunde: Als hätte er sich von lange genährten Illusionen befreit, enthüllte sich Shakespeare endlich die Wahrheit des Tragischen.
Manch ein Exeget hat in den *Sonetten* den Ausgangspunkt dieser Entwicklung sehen wollen. Diese Bemühung erscheint um so fragwürdiger, als wir fast gar nichts über ihre Entstehung wissen. Sie wurden im Jahre 1609 durch Thomas Thorpe veröffentlicht, und zwar anscheinend ohne Wissen des Autors, waren aber zumindest teilweise schon 1598 bekannt, als Francis Meres in *Palladis Tamia* auf sie hinwies. Doch kein anderes Dokument gibt uns Auskunft über den Werdegang des ganzen Werks. Wollte es Shakespeare überhaupt drucken lassen? Gewichtige Gründe sprechen dagegen, vor allem der zweideutige, ja skandalöse Charakter des geschilderten Erlebnisses. Es hat sogar den Anschein, daß diese ‹verspätete, nachlässige Ausgabe, die mit einer so geheimnisvollen und überdies ungewöhnlichen und geschraubten Widmung versehen war, nicht nur illegitim erfolgte, sondern auf jenen Klüngel zurückging, der mit Shakespeare rivalisierte und mit dieser Veröffentlichung die Gruppe seiner Anhänger, Bewunderer und Freunde, und vielleicht vor allem den Prominentesten unter ihnen: den Mäzen des Dichters, treffen wollte› (C. M. Garnier). Selbst wenn man aber annimmt, daß Shakespeare seine Einwilligung erteilte, weiß man noch nicht, wie er seine Ge-

SHAKE-SPEARES

SONNETS.

Neuer before Imprinted.

AT LONDON
By *G. Eld* for *T. T.* and are
to be solde by *Iohn Wright*, dwelling
at Christ Church gate.
1609.

Das Titelblatt der Sonette

dichte angeordnet sehen wollte. Zahllose Forscher haben jeden Reim, jeden Punkt, jedes Komma unter die Lupe genommen, um, wie in Pascals *Pensées*, die logische Reihenfolge seiner Eingebungen zu entdecken. Doch was hilft uns in diesem Falle die Logik? Und weshalb sollte man nicht, da sich keine bessere Lösung finden läßt, zur Einteilung Thorpes zurückkehren? Vom Anlaß bis zum Aufbau ist alles rätselhaft in dieser Verssammlung.

Die Sonette, denen die Widmung an W. H. vorangeht, zerfallen in zwei Gruppen, die durch ein zwölfzeiliges Gedicht geschieden sind.

Die ersten 126 handeln von einem blonden jungen Manne, die letzten 28 von einer dunkelhaarigen jungen Dame. Jeder dieser Teile enthält seinerseits mehrere Hauptthemen, die sich wie folgt gliedern lassen:

I. Zyklus des Geliebten (1—126):

1—17: Der Dichter dringt in einen Freund, den er jung, schön und vornehm nennt, er möge einen Sohn nach seinem Bilde erzeugen. — 18—26: Er gelobt diesem Freunde eine Verehrung, die er durch seine Verse verewigen möchte, und um keine Unklarheit bestehen zu lassen, präzisiert er:

> *«Ein Mädchenantlitz gab dir die Natur,*
> *Du Herr und Herrin meiner Leidenschaft.»*

27—33: Diese Minne nimmt eine schmerzliche Wendung; der Dichter klagt über seine Einsamkeit, seine Verlassenheit, aber erlebt noch schöne Augenblicke, in denen er sich geliebt weiß.

34—42: Der Freund hat ihn jedoch grausam hintergangen, da er ihm seine Geliebte abspenstig machte; enttäuscht klagt er darüber; großmütig verzeiht er ihm; wohlgefällig willigt er ein; «Nimm, Lieb, all meine Lieben, nimm sie hin!» sagt er ihm schließlich als Komplice.

43—53: Offenbar durch eine Reise ist er vom Geliebten getrennt; so wechseln Schmerz und Wallungen der Leidenschaft in ihm ab.

54—70: Betrachtungen über die Zeit, die Vergänglichkeit, den Tod.

71—77: Der Dichter ruft das Nichts, das Vergessen herbei, aber nachdem er den bitteren Kelch geleert hat, kehrt er zu seiner Liebe zurück.

78—87: Ein Verse schmiedender Nebenbuhler hat seinen Platz eingenommen; so kommt es zur Eifersucht, Aufopferung, Abschied.

88—108: Der Unglückliche wiederholt abermals seine Beschwerden, seine Jeremiaden, seine Treueschwüre.

109—119: Er gesteht seinerseits eine Treulosigkeit ein, fleht um Nachsicht und überzeugt sich, daß er durch seine Aufrichtigkeit Verzeihung erlangen wird.

120—125: Alles ist vergeben; Zweifel und Kummer werden durch Heiterkeit abgelöst.

126: Anrufung der Zeit.

II. Zyklus der Geliebten (127—154):

127—143: Der Dichter gesteht einer dunklen Schönheit seine Liebe, um sie im gleichen Atemzug zu beschuldigen, sie sei treulos und unzüchtig und habe seinen jungen Freund verdorben.

144—152: Beide sind nunmehr fern und vergnügen sich miteinander; soll er, der im Stich Gelassene, bei seinen Seufzern beharren? Nein; er selber wird ‹zwanzigfach› eidbrüchig, spricht die Ungetreue frei und wird ihr verbunden bleiben.

153—154: Zwei Epigramme an Cupido bekräftigen diese glückliche Lösung.

Es liegt auf der Hand, welche kleinen Rätsel diese überaus erbauliche Geschichte aufgibt. Vier Fragen stellen sich zunächst: Wer ist W. H.? Sind W. H. und der Geliebte miteinander identisch? Wer ist die brü-

106

WHen in the Chronicle of wasted time,
I see discriptions of the fairest wights,
And beautie making beautifull old rime,
In praise of Ladies dead, and louely Knights,
Then in the blazon of sweet beauties best,
Of hand, of foote, of lip, of eye, of brow,
I see their antique Pen would haue exprest,
Euen such a beauty as you maister now.
So all their praises are but prophesies
Of this our time, all you prefiguring,
And for they look'd but with deuining eyes,
They had not still enough your worth to sing:
For we which now behold these present dayes,
Haue eyes to wonder, but lack toungs to praise.

107

NOt mine owne feares, nor the prophetick soule,
Of the wide world, dreaming on things to come,
Can yet the lease of my true loue controule,
Supposde as forfeit to a confin'd doome.
The mortall Moone hath her eclipse indur'de,
And the sad Augurs mock their owne presage,
Incertenties now crowne them-selues assur'de,
And peace proclaimes Oliues of endlesse age,
Now with the drops of this most balmie time,
My loue lookes fresh, and death to me subscribes,
Since spight of him Ile liue in this poore rime,
While he insults ore dull and speachlesse tribes.
And thou in this shalt finde thy monument,
When tyrants crests and tombs of brasse are spent.

108

VVHat's in the braine that Inck may character,
Which hath not figur'd to thee my true spirit,
What's new to speake, what now to register,
That may expresse my loue, or thy deare merit?
Nothing sweet boy, but yet like prayers diuine,

nette Dame? Wer ist der andere Poet und Nebenbuhler? Wir brauchen kaum hinzuzufügen, daß sich die Kritiker hier, wie auch sonst, keineswegs einig sind. Zwar fallen für viele die beiden ersten Fragen zusammen; hingegen ist die Kontroverse in vollem Gange, sobald es um die Bestimmung der Namen geht. Am wahrscheinlichsten klingt die Hypothese, daß es sich bei W. H. um Henry Wriothesley handelte, und daß der Herausgeber aus Vorsicht, Diskretion oder Schabernack die Initialen umkehrte. Gegen diese Meinung führen Tyler und Chambers William Herbert, Earl of Pembroke, ins Treffen, dem Heminge und Condell aus Dankbarkeit für die Shakespeare bezeugte Gunst die Folioausgabe des Jahres 1623 widmeten. Andere denken an Familienangehörige und nennen William Hart oder William Hathaway, die mit dem Dichter verschwägert waren. Eine weitere These besagt, die beiden Buchstaben bezeichneten lediglich den Winkelmakler William Hall, der Thomas Thorpe den Text der Sonette verschafft habe. Oscar Wilde schließlich hatte, in begreiflicher Verirrung, den Einfall, einen gewissen William Hews zu erfinden, der in Shakespeares Truppe ein kleiner Schauspieler gewesen sei, und so geht es fort... Ebenso mannigfaltig sind die Kandidaturen für die ‹brünette Dame›. Southamptons Anhänger mutmaßen, daß eine Mistress Davenant, Hotelinhaberin in Oxford, ihre Gastlichkeit bis aufs Bett ausgedehnt habe, als die Freunde zufällig bei ihr einkehrten. Pembrokes Parteigänger hingegen halten es mit Mary Fitton, einer Ehrendame der Königin und Geliebten des Grafen: Leider ist sie auf zwei im Jahre 1897 aufgefundenen Porträts mit hellbraunen Haaren dargestellt. Aber darauf soll es nicht ankommen! Jacqueline Vautrollier und Penelope Devereux, Essex' Schwester, erscheinen weiter auf der Liste, und als letzte Anwärterin stellt sich noch eine Kurtisane ein, die ein Halbblut gewesen sein dürfte: Lucy Negro. Was den Dichterrivalen angeht, so wäre man versucht, Barnabe Barnes oder Samuel Daniel zu nennen, je nachdem ob man für Wriothesley oder für Pembroke optiert; freilich kann man auch an Spenser, Marlowe, Jonson, Marston, Nashe, Markham oder Drayton denken, vor allem aber an Chapman, der gegenwärtig alle Konkurrenten um mehrere Längen geschlagen hat.

Doch hinter solchen Geduldsspielen taucht ein fünftes Rätsel auf, das keinen geringen Scharfsinn erfordert: Hat Shakespeare all das, wovon er berichtet, wirklich erlitten oder es nicht ganz einfach frei erfunden? Man muß zugeben, daß nicht alle Dichtung notwendig aus eigenen Erlebnissen hervorgeht; auch finden sich in diesen Sonetten so viele allgemeine Wendungen, daß man sie für ein reines Phantasieprodukt halten könnte. So kreuzen die Vertreter der ‹persönlichen› Theorie mit den Verteidigern der ‹unpersönlichen› These die Klingen: Die einen sehen mit Malone und Wordsworth in diesem Werke eine autobiographische Episode, während sich die anderen auf Keats und Browning berufen und darin nur eine freie

Jakob I., König von England

Schöpfung erblicken. Es bleibt indessen bestehen, daß die Sonette eine — objektive oder subjektive — Krise schildern, deren Echtheit durch gewisse Hinweise zur Genüge bezeugt wird:

> *«Zwei Lieben hab' ich, quälend und beglückend,*
> *Die meine Seele lenken, Geistern gleich:*
> *Der gute Geist ein Mann, licht, heiter blickend,*
> *Ein Weib der böse, dunkelfarb und bleich.»*

Zu diesem etwaigen Mißgeschick gesellen sich im Jahre 1601 die Einkerkerung des Mäzens und das Ableben des Vaters. In diesem Jahre des Unheils eröffnet *Julius Cäsar* die Reihe der Dramen, die vom Weltall selber angeregt zu sein scheinen.

Nach der Hinrichtung von Essex neigte sich indessen die lange Regierung Elisabeths ihrem Ende zu. Am 25. März 1603 verbreitete sich schließlich die Kunde im ganzen Königreiche: Nach dem Tode der Königin in Richmond wurde Jakob VI. von Schottland kraft göttlichen Rechts Jakob I. von England. Im Chor der Klagegesänge, die sich an diesen Heimgang anschlossen, glänzte Shakespeare bezeichnenderweise durch sein Schweigen. Empfand er ein Ressentiment als Katholik? Verachtete er öffentliche Trauerbezeugungen? Bekundete er damit seinen Nonkonformismus? Erst im Jahre 1613 trat er wieder hervor, um in *Heinrich VIII.* den neuen Herrscher mit prunkvollen Versen zu feiern:

«Auch schläft mit ihr der Friede nicht; nein wie
Der Wundervogel stirbt, der Jungfraunphönix,
Erzeugt aus ihrer Asche sich der Erbe,
So wunderwürdig auch, wie sie es war;
So läßt sie einem andern allen Segen
(Ruft sie der Herr aus Wolken dieses Dunkels),
Der, aus der heil'gen Asche ihrer Ehre,
Sich, ein Gestirn, so groß wie sie, erhebt,
Glanzhell: Schreck, Freude, Lieb' und Treu,
Die Diener waren dieses hehren Kindes,
Sind seine dann, wie Reben ihn umschlingend;
Wo nur des Himmels helle Sonne scheint,
So glänzt sein Ruhm, die Größe seines Namens,
Und schaffet neue Völker . . .» [28]

Mochte König Jakob auch solchen Glanz nicht ganz erreichen, so verstand er es doch jedenfalls, bei seiner Thronbesteigung Milde zu üben. Bekanntlich ließ er es sich mit als erstes angelegen sein, Southampton zu befreien und ihm sein Vermögen zurückzugeben, wozu er ihm noch Bezüge in Höhe von 6000 Kronen gewährte. Am 10. April 1603 wurde der Graf aus dem Tower entlassen und begab sich in großem Pomp zum Monarchen, der ihn mit Beweisen seiner Gunst überhäufte und ihn bat, an die Spitze seines Festzuges zu treten. Diese Ehrung, die er öffentlich dem Feinde Elisabeths erwies, kündigte deutlich die Einstellung des neuen Regimes an. Allen, die infolge ihres Bekenntnisses, ihrer Ansichten, Verbindungen oder Aktivitäten unter der verflossenen Herrschaft zu leiden hatten, leuchtete nun wieder die Gnadensonne. Vor allem widerfuhr das den Komödianten des Lord Chamberlain, welche die ‹gute Königin Bess› niemals gefördert oder verstanden hatte, und die nun ihre Ernennung zu privilegierten Schauspielern Seiner Majestät erlebten. Am 19. Mai 1603 ermächtigte eine königliche Urkunde ‹Laurence Fletcher, William Shakespeare, Richard Burbadge, Augustin Phillips, John Heminge, Henry Condell, William Sly, Robert Armin, Richard Cowley und ihre Partner zur unbehinderten Ausübung und Betätigung der Kunst und der Fähigkeit, Komödien, Tragödien, historische Dramen,

Zwischenspiele, Moralitäten, Pastorales, Theaterstücke und dergleichen aufzuführen, die sie bereits einstudiert haben oder in Zukunft kennenlernen und einstudieren werden, sowohl zur Ergötzung Unserer geliebten Untertanen wie zu Unserer eigenen Erholung und Kurzweil, wenn Wir es für gut befinden, sie während Unserer Mußestunden anzuschauen›. Wenn man daran denkt, daß ihnen im Jahre 1594 zwanzig Pfund bewilligt wurden, damit sie vor Elisabeth ‹mehrere Komödien und Zwischenspiele› aufführten, und sieht, daß sie Neujahr 1604 achtzig Pfund erhielten, läßt sich ermessen, daß ihnen diese Verbesserung ihrer Stellung nicht nur Ehren, sondern auch materielle Vorteile einbrachte. So konnte sich nunmehr das Genie des Dichters, ungehemmt von materiellen Schwierigkeiten, der Tyrannei der Zensoren und den Launen des Publikums, in aller Freiheit entfalten.
1603 war eine erste und fehlerhafte Ausgabe des *Hamlet* erschienen. Als 1604 die endgültige Fassung herauskam, bildete das einen der Höhepunkte der Laufbahn Shakespeares. Und im gleichen Jahr verherrlichte *Maß für Maß* in der Person des Herzogs von Wien die Gerechtigkeitsliebe und Sanftmut Jakobs I., während *Ende gut, alles gut, Othello* und *Die lustigen Weiber von Windsor* den Ruhm des Dramatikers weiter festigten. Das Ansehen des Schauspielers hielt damit gleichen Schritt. Am 26. Dezember spielte die neue Truppe die *Komödie der Irrungen* und im Januar 1605 *Verlorene Liebesmüh* sowie *Heinrich V.* vor dem Hofe. Am 10. Februar begeisterte *Der Kaufmann von Venedig* den König so sehr, daß er am 12. eine Wiederholung anordnete. Doch sowohl durch die Anspielungen auf die schottische Geschichte, auf die Vorfahren König Jakobs I., auf seine Vorliebe für Okkultismus und Zauberei wie durch den offenkundigen dichterischen und philosophischen Gehalt übertraf *Macbeth* alle sonstigen Triumphe dieser fruchtbaren Jahre. Von nun an schien dem Dichter, der als erster nach Aischylos der Tragödie universale Dimensionen verlieh, nichts mehr unmöglich zu sein. Im Jahre 1607 krönte Shakespeare diesen ununterbrochenen Aufstieg durch die großartigste, die zauberhafteste seiner Schöpfungen: den *König Lear*.
Die königliche Schauspielertruppe, die schon durch ihre Erfolge im *Globe* recht populär war und in Whitehall oder Hampton Court von den Großen des Reiches gefeiert wurde, sollte nun aber im Jahre 1608 ihr Tätigkeitsfeld noch erweitern. Vater Burbadge, der unermüdliche Spekulant, hatte auf seine alten Tage noch einen Theatersaal erworben, der im ehemaligen Kloster der *Blackfriars* eingerichtet worden war. Dieser Raum, der durch seine bequeme und prunkvolle Ausstattung auffiel, war überdies das einzige Londoner Theater, das ein Dach hatte. Es konnte infolgedessen mit einem zwar zahlenmäßig geringeren, aber hochstehenden Publikum rechnen: mit den distinguierten Zuschauern also, die Shakespeare in *Hamlet* den Flegeln im Parkett gegenüberstellte. Nach dem Tode ihres Vaters hatten Richard und Cuthbert den Saal zunächst an Henry Evans vermietet, der dort die ‹Kinder der königlichen Kapelle› auftreten ließ. Das jugendliche Alter dieser ‹Nesthäkchen› hinderte nicht, daß sie ein

THE

Tragicall Hiſtorie of

HAMLET

Prince of Denmarke

By William Shake-ſpeare.

As it hath beene diuerſe times acted by his Highneſſe ſeruants in the Cittie of London : as alſo in the two Vniuerſities of Cambridge and Oxford, and elſe-where

At London printed for N.L. and Iohn Trundell.
1603.

Die Hamlet-Ausgabe von 1603

äußerst loses Mundwerk hatten; sie erregten damit ein Ärgernis, das den Puritanern im Staatsrat erst recht unverzeihlich dünkte. Begnügten sie sich doch nicht damit, den schottischen Akzent des Königs in *Eastward Ho* zu verspotten, sondern brachten überdies im Jahre 1608 eine Satire Chapmans heraus, die den französischen König Heinrich IV. und seine Geliebte der Lächerlichkeit preisgab. Nach einem Protestschritt der französischen Botschaft wurde das Stück verboten. Als der Hof bald danach London verlassen hatte, übertraten die jugendlichen Schauspieler das Verbot. Nunmehr wurde die Truppe ohne Gnade aufgelöst und Evans gezwungen, die Räumlichkeiten freizugeben. Am 9. August übernahmen die Brüder Burbadge, Shakespeare, Heminge, Condell und Sly die Eigentumsanteile. Von diesem Zeitpunkt an erfolgten ihre Vorstellungen während des Sommers im *Globe* und während des Winters bei den *Blackfriars*. Vermutlich fanden in diesem früheren Kloster die Premieren jener Dramen statt, die nach einem Worte Farnhams ‹Shakespeares tragische Grenzscheide bilden›: *Timon von Athen, Antonius und Kleopatra, Coriolan . . .*

Der Dichter war indessen des Stadtlebens müde und verlangte nur noch nach jener Abgeschiedenheit, von der in seinen Werken mit wachsender Sehnsucht die Rede war. Am 5. Juni 1607 war er nach Stratford zurückgekehrt, um seine Tochter Susanna mit dem Arzt John Hall zu verheiraten. Sein Ruhm nahm ihn sodann wieder in Beschlag. Ein Jahr später ließ vielleicht der Tod seiner Mutter die innere Müdigkeit plötzlich anwachsen. Doch weiß man kaum mehr über den Augenblick, in dem er die Bühne verließ, als über die Anfänge seiner Theaterlaufbahn. Um das Jahr 1610 scheint er sein Leben zwischen den Londoner Theatern und seinem Hause in New Place aufzuteilen. 1611 ist der Bruch nahezu vollzogen. Shakespeare überläßt nun die Wahrnehmung seiner Theaterinteressen seinen Partnern und kehrt in die Umgebung seiner Kindheit zurück, um die drei

Raum im Haus des Arztes John Hall

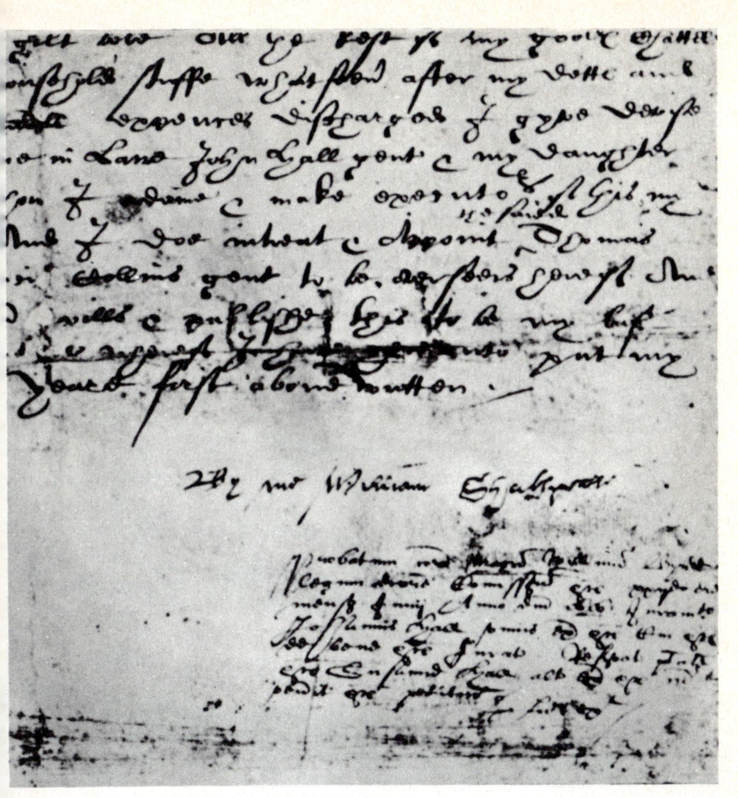

Shakespeares Testament

Meisterwerke abgeklärter Heiterkeit hervorzubringen: *Cymbeline. Das Wintermärchen* und *Der Sturm*:

> *«. . . Damals hatte ich*
> *Dem Ansehn nach und in den freien Künsten*
> *Nicht meinesgleichen; diesen nur ergeben,*
> *Ließ meinen Bruder ich die Herrschaft üben,*
> *Und wurde meinem Lande fremd, verzückt*
> *Und hingerissen in geheimes Forschen.»* [29]

Solche Einsamkeit wurde nur noch durch plötzliche Besuche in der Hauptstadt unterbrochen. Am 11. Mai 1612 tritt er als Zeuge in einem Prozeß auf, in dem sich sein früherer Hauswirt Christopher Mountjoy und sein Schwager Stephen Belott gegenüberstanden. Am 10. März 1613 kauft er in London gemeinsam mit William Johnston, dem Pächter der *Sirene,* mit John Jackson und John Heminge jenes seltsame Haus der Blackfriars, das renitenten Katholiken als Zuflucht gedient hatte. Am 31. erhält er 44 Schilling, weil er mit Hilfe Richard Burbadges ein Wappenschild für den Earl of Rutland angefertigt und bemalt hatte. Schließlich setzte die Zerstörung des *Globe*, das während einer Aufführung von *Heinrich VIII.* in Flammen aufging, der Laufbahn des größten Dramatikers der Epoche ein symbolisches Ende.

Der Frieden des Landlebens verschönte seine letzten Jahre. Es heißt, daß sich Shakespeare nach Vollendung seines Werkes wie sein Vater für Kommunalpolitik interessierte; vor allem habe er an einem Streit Anteil genommen, der über die Einfriedigung des Gemeindelandes entbrannt war. Am 10. Februar 1616 war er bei der Hochzeit seiner Tochter Judith mit dem Sohn jenes Richard Quiney zugegen, der seinerzeit 30 Pfund von ihm geborgt hatte. Doch am 25. März fühlte er sein Ende kommen und verfaßte in Gegenwart von Zeugen sein Testament:

Im Namen Gottes, Amen. Ich, William Shakespeare, aus Stratford-upon-Avon in der Grafschaft Warwick, Gentleman, bei bester Gesundheit und in vollem Besitz meines Gedächtnisses, vollziehe und gebiete meinen letzten Willen und Testament in folgender Art und Weise, das heißt:

Primo, Ich befehle meine Seele in die Hände Gottes, meines Schöpfers; dabei hoffe und glaube ich fest, daß ich allein durch die Verdienste meines Erlösers am ewigen Leben werde teilnehmen dürfen; und meinen Leib vertraue ich der Erde an, aus der er erschaffen ist.

Er setzte John Hall und Susanna als seine Universalerben ein; vermachte unter gewissen Bedingungen 300 Pfund an Judith; hinterließ sein Silber, seine bewegliche Habe, seine Schmucksachen sowie verschiedene Gegenstände und einzeln angeführte Geschenke seiner Schwester, seinen Neffen, seiner Enkelin, seinem Patenkind, seinen Nachbarn und Freunden und bedachte seine Kameraden Burbadge, Heminge und Condell mit ‹je 28 Schilling 8 Pence, damit sie sich Ringe kaufen›. Sein Weib Anne erhielt nur ein Bett, und nicht das beste; die Ortsarmen, die 10 Pfund vereinnahmten, wurden noch großzügiger beschenkt als sie. Nachdem Shakespeare derart seine Angelegenheiten geordnet hatte, konnte er in Frieden seinen Helden ins Jenseits nachfolgen. Die Sage geht, Ben Jonson habe ihm einen letzten Streich gespielt, ihn im April zusammen mit Michael Drayton aufgesucht und ihn so viele Schoppen leeren lassen, daß sich sein Leib aufblähte. Doktor Hall habe Drayton, der schon in den letzten Zügen lag, durch ein aus Veilchen bereitetes Elixier gerettet. Soll das besagen, daß er es eilig hatte, die Erbschaft anzutreten, und daher seinem Schwiegervater nicht die Heilkraft der Arzenei vergönnte? Vielleicht entsann sich auch das schwankende Gedächtnis des Sterbenden an drei Verse aus *Julius Cäsar*:

Die Eintragung über Shakespeares Begräbnis im Stratforder Kirchenbuch

> *«An diesem Tage atmet' ich zuerst:*
> *Die Zeit ist um, und enden soll ich da,*
> *Wo ich begann: mein Leben hat den Kreislauf*
> *Vollbracht . . .»* [30]

So starb der Dichter, der so oft Tod und Auferstehung besungen hatte, ebenso wie Cassius an seinem Geburtstage, am 23. April 1616.

Am 25. wurde er im Chor der Kirche *St. Trinity* (Bild oben) beigesetzt. Starb er als Katholik? Kein Zeugnis ist hierüber erhalten geblieben. Auf seinen Grabstein meißelte man lediglich die folgenden vier Verse, die noch heute dort zu lesen sind:

GOOD FRIEND FOR JESUS SAKE FORBEARE
TO DIGG THE DUST ENCLOASED HEARE
BLESSED BE THE MAN WHO SPARES THESE STONES
AND CURST BE HE WHO MOVES MY BONES

«Du guter Freund, tu's Jesus zu Gefallen
Und wühle nicht im Staub, der hier verschlossen.
Gesegnet sei der Mann, der schonet diese Steine.
Und jeder sei verflucht, der stört meine Gebeine.»

DIE WERKE UND IHRE REIHENFOLGE

«Jetzt naht sich der Vollendung mein Entwurf,
Mein Zauber reißt nicht, meine Geister folgen,
Die Zeit geht aufrecht unter ihrer Last.»
(Der Sturm)

Sorgfältig datierte Werke stellen sich selber ihre Geschichte zusammen. Vom einen zu anderen übergehend, können wir Probleme, Ideen, Bilder aus ihnen ablesen, die mehr oder weniger mit dem Leben des Autors zusammenfallen. So erfahren wir, daß hier eine Überlegung dem Thema vorangegangen ist, daß dort eine Richtigstellung auf eine Behauptung gefolgt ist; kurzum, wir ordnen in den Ablauf der Zeit ein, was die Zeit selber begründet hat: die Vielfalt des Geistes. Nichts dergleichen ist bei Shakespeare möglich. Die berühmte Verwirrung, die jeden überkommt, wenn er in seine Welt eindringt, erklärt sich zweifellos aus der unzulänglichen Anordnung ihrer Bestandteile. Wir wissen kaum, welche Reihenfolge wir diesen Stücken geben sollen, die uns die Fassung rauben, und die Kritiker, die sich darum bemühen, verfügen, abgesehen von ihren Vorurteilen und ihren Vorlieben, nur über äußerst fragwürdige Indizien und Dokumente.

Einige Fakten scheinen freilich eindeutig festzustehen: Als der Dichter starb, waren außer *Venus, Lucrezia, Der liebende Pilgrim, Der Phönix und die Taube* sowie den *Sonetten* zwanzig Werke unter seinem Namen oder seinen Initialen erschienen, von denen ihm dreizehn endgültig zugeschrieben werden: *Verlorene Liebesmüh, Richard III., Richard II.*, die beiden Teile von *Heinrich IV., Der Kaufmann von Venedig, Viel Lärm um nichts, Ein Sommernachtstraum, Die lustigen Weiber von Windsor, Hamlet, König Lear, Troilus und Cressida, Perikles* — während man sich hinsichtlich sieben weiterer in Mutmaßungen verliert: *Locrine, Sir John Oldcastle, Thomas Lord Cromwell, Der Verschwender von London, Die Puritanerin, Eine Tragödie aus Yorkshire* und *Die leidvolle Herrschaft König Johanns.* Von den Stücken, die Meres im Jahre 1598 anführt, waren weder *Die beiden Veroneser* noch *Die Komödie der Irrungen* gedruckt, geschweige denn das mysteriöse Lustspiel *Gewonnene Liebesmüh.* Hingegen waren *Titus Andronicus, Romeo und Julia, Der Widerspenstigen Zähmung* sowie zwei Dramen, die dem zweiten und dritten Teil von *Heinrich VI.* entsprachen: *Der gesamte Zwist zwischen den beiden berühmten Häusern York und Lancaster* und *Die wahrhaftige Tragödie von Richard, Herzog von York,* völlig anonym erschienen. Schließlich ist von den Stücken, die Shakespeare gemeinsam mit Fletcher geschrieben haben soll, das eine: *Cardenio* verschollen, während das andere: *Die beiden edlen Vettern* heute als apokryph verworfen wird.

Die Herausgabe der Werke Shakespeares wäre logischerweise dem getreuen Burbadge zugefallen. Doch nach seinem Tode im Jahre 1619 widmeten sich zwei andere Schauspieler des *Globe*, John Heminge

The Workes of William Shakespeare, containing all his Comedies, Histories, and Tragedies: Truely set forth, according to their first ORIGINALL.

The Names of the Principall Actors in all these Playes.

Illiam Shakespeare.	Samuel Gilburne.
Richard Burbadge.	Robert Armin.
John Hemmings.	William Ostler.
Augustine Phillips.	Nathan Field.
William Kempt.	John Underwood.
Thomas Poope.	Nicholas Tooley.
George Bryan.	William Ecclestone.
Henry Condell.	Joseph Taylor.
William Slye.	Robert Benfield.
Richard Cowly.	Robert Goughe.
John Lowine.	Richard Robinson.
Samuell Crosse.	Iohn Shancke.
Alexander Cooke.	Iohn Rice.

Das Schauspielerverzeichnis aus der First-Folio-Ausgabe

This Shadowe is renowned Shakespear's: Soule of th'age
The applause: delight: the wonder of the Stage.
Nature her selfe, was proud of his designes
And joy'd to weare the dressing of his lines.
The learned will Confess, his works are such,
As neither, man, nor Muse, can prayse to much.
For ever live thy fame, the world to tell,
Thy like, no age, shall ever paralell.

W.M sculpsit.

und Henry Condell, dieser Aufgabe, indem sie die betrügerischen Ausgaben ausschalteten und die authentischen Texte sammelten, brachten sie unter großen Mühen im Jahre 1623 den denkwürdigen *first Folio* (den ‹ersten Folianten›) zustande. Das Werk wurde eingeleitet durch ein Porträt Shakespeares von Droeshout, einen Zehnzeiler von Ben Jonson, eine Widmung an die Earls Pembroke und Montgomery, einen Hinweis der Verleger, huldigenden Versen von Hugh Holland, Leonard Digges und James Mabbe und die berühmte Ode Ben Jonsons. Sodann vereinigte der Band sechsunddreißig Stücke, unter denen der *Perikles* fehlte; sie waren in drei Gattungen: Komödien, historische Dramen und Tragödien eingeteilt. Durch diese Klassifizierung opferten Heminge und Condell leider bewußt die chronologische der logischen Reihenfolge. Fortan tritt die Suche nach der wirklichen Entstehungszeit dieser Schöpfungen noch als weiteres Rätsel zu den Geheimnissen des Dichters hinzu, den Ernest Jones mit Recht ‹die Sphinx der modernen Literatur› genannt hat.

Es gibt in der Tat in der ganzen Kulturgeschichte kein Werk, in dem Logik und Chronologie schlechter miteinander auskommen. Vor allem liegt das am Geist einer Epoche, in der es den Dramatikern weniger darum ging, gelesen als gespielt zu werden. Häufig vergingen mehrere Jahre, bevor einem vielzitierten, bekannten und beifällig aufgenommenen Theaterstück die Ehre der Druckerlaubnis zuteil wurde. Fünf oder sechs Plagiatoren hatten so alle Muße, sich seiner zu bemächtigen und es so lange auszubeuten, bis der Autor seinerseits sich die Vaterschaft an *ihren* Neuerungen zuschrieb. Derartige Mißstände bieten eine Erklärung für die Widersprüche, mit denen sich die moderne Kritik auseinandersetzen muß. Denken wir nur, um eines von vielen Beispielen zu nennen, an *Titus Andronicus*. Dieses Drama, das am 24. Januar 1594 in Henslowes Tagebuch erwähnt und am 6. Februar im *Stationers Register* verzeichnet wurde, muß allem Anschein nach im Jahre 1593 entstanden sein. Doch hier taucht eine erste Schwierigkeit auf: Ist dieser *Titus* wirklich von Shakespeare, oder hatte sich Shakespeare hiervon nur inspirieren lassen, um dann jenes Drama zu schreiben, das von Francis Meres erwähnt wird? Und dieses Geheimnis wird sogleich durch ein weiteres Problem noch rätselhafter: Wenn dieses Stück in der Tat von Shakespeare stammt, so müßte es doch für die Anfänge seiner Laufbahn kennzeichnend sein; gerade mit den späten Tragödien ergeben sich nun aber die seltsamsten Übereinstimmungen.

Man hat häufig *Titus Andronicus* im Zusammenhang mit der frühen Periode des elisabethanischen Theaters betrachtet. In gewissem Sinne gleicht seine Atmosphäre der *Spanischen Tragödie;* sein Thema, die Rache, findet sich auch im *Juden von Malta*; und der Verbrecher, der darin auftritt, erinnert stark an Barrabas. Es erschiene somit angebracht, in diesem Melodrama eine von Shakespeares erster Hervor-

Frontispiz zu Shakespeares «Poems»
(Stich von William Marshall, 1640)

A CATALOGVE

of the seuerall Comedies, Histories, and Tragedies contained in this Volume.

COMEDIES.

The Tempest.	Folio 1.
The two Gentlemen of Verona.	20
The Merry Wiues of Windsor.	38
Measure for Measure.	61
The Comedy of Errours.	85
Much adoo about Nothing.	101
Loues Labour lost.	122
Midsommer Nights Dreame.	145
The Merchant of Venice.	163
As you Like it.	185
The Taming of the Shrew.	208
All is well, that Ends well.	230
Twelfe-Night, or what you will.	255
The Winters Tale.	304

HISTORIES.

The Life and Death of King John.	Fol. 1.
The Life & death of Richard the second.	23
The First part of King Henry the fourth.	46
The Second part of K. Henry the fourth.	74
The Life of King Henry the Fift.	69
The First part of King Henry the Sixt.	96
The Second part of King Hen. the Sixt.	120
The Third part of King Henry the Sixt.	147
The Life & Death of Richard the Third.	173
The Life of King Henry the Eight.	205

TRAGEDIES.

The Tragedy of Coriolanus.	Fol. 1.
Titus Andronicus.	31
Romeo and Juliet.	53
Timon of Athens.	80
The Life and death of Julius Cæsar.	109
The Tragedy of Macbeth.	131
The Tragedy of Hamlet.	152
King Lear.	283
Othello, the Moore of Venice.	310
Anthony and Cleopater.	346
Cymbeline King of Britaine.	369

Verzeichnis der Theaterstücke aus der First-Folio-Ausgabe

bringungen zu sehen, in der er die Werke Kyds und Marlowes umgebildet hätte. Hierfür können überdies acht Verse als Beweis dienen, die sich unzweifelhaft auf Titus, den Bezwinger der Goten, beziehen und in einer, am 10. Juni 1592 aufgeführten anonymen Komödie: *A Knack to know a Knave* enthalten sind. Geht man von dieser Zitierung aus, wäre somit unser Schauspiel 1590 oder 1591 entstanden. Damals war Shakespeare noch ein Unbekannter, und wie erklärt es sich, falls man das Datum akzeptiert, daß Henslowe die Premiere erst drei Jahre später ansetzt?

Überdies scheint nun aber *Titus Andronicus* trotz aller historischen Beweise weniger der frühen Manier Shakespeares als dem Stil seiner Reifezeit zu entsprechen. Man kann es sich kaum vorstellen, daß dieses Stück gleichzeitig mit *Die beiden Veroneser* oder den gezierten Wendungen von *Verlorene Liebesmüh* entstanden ist. Und weit mehr als an Marlowe und Kyd wird man durch die ausgelassene Phantasie, die unwahrscheinliche Handlung, die Häufung der Morde und Greueltaten unwiderstehlich an Webster, Ford und Tourneur erinnert. Auch die Personen sind den Gestalten eng verwandt, die Shakespeare in den Jahren 1604 bis 1610 hervorbrachte. Tamora, die Gotenkönigin, hat in ihrer Grausamkeit, Heuchelei, Herrschsucht nur eine ebenbürtige Rivalin: Lady Macbeth. Der abscheuliche Aaron, ihr Geliebter, mutet wie eine Synthese zwischen Othello und seinem Dämon an: wie ein schwarzer Jago. Und wenn es einen Helden gibt, den Titus Andronicus ankündigt, so ist es sicherlich König Lear. Im übrigen wird die Verderbnis Roms mit Worten gegeißelt, die schon *Timon von Athen* vorwegnehmen. Der General, der, empört über die Schande seines Vaterlands, ins feindliche Lager übergeht und gegen die undankbare Stadt marschiert, steht im Mittelpunkt der Handlung von *Coriolan*. Schließlich bildet die Geschichte des verlassenen Kindes, das man heimlich in ein fremdes Land bringt, um es vor den Verfolgungen zu retten, eine entscheidende Episode im *Wintermärchen*; sie klingt auch in *Titus* an, als sich der niederträchtige Aaron anschickt, den unehelichen Sohn, den ihm Tamora geschenkt hat, vor der Rache der Römer zu bewahren.

Hier ist also das Beispiel eines Stücks, das fraglos in Shakespeares Jugend entstanden ist und gleichwohl durch tausend Einzelzüge auf die ‹düstere Periode› hinweist. So erhält man eine Ahnung davon, was für Schwierigkeiten eine genaue Einordnung seiner Werke begegnet. Je nachdem, ob man ein bestimmtes Dokument für echt oder erdichtet ansieht, erhalten sie ein völlig anderes Gesicht; und je nachdem, ob ein bestimmtes Drama einer bestimmten Komödie zeitlich vorausgeht oder nachfolgt, ändert sich die Bedeutung des Gesamtwerks. Derartige Komplikationen erhellen zur Genüge, weshalb der historischen und der Textkritik eine wachsende Bedeutung zukommt. Da sich aber die Spezialisten auf diesem Gebiete keineswegs einig sind, gibt es für unsere Betrachtung keinen besseren Abschluß als die Gegenüberstellung zweier Zeittafeln, die zwei gleich hervorragende Shakespeare-Forscher: G. B. Harrison und G. L. Kittredge, aufgestellt haben.

Harrison

1591 Heinrich VI., 1. Teil
Heinrich VI., 2. Teil
Heinrich VI., 3. Teil

1592 Richard III.
Titus Andronicus
Verlorene Liebesmüh
Die beiden Veroneser
Die Komödie der Irrungen
Der Widerspenstigen Zähmung

1594 Romeo und Julia
Ein Sommernachtstraum
Richard II.
König Johann
Der Kaufmann von Venedig

1597 Heinrich IV., 1. Teil
Heinrich IV., 2. Teil
Viel Lärm um nichts
Die lustigen Weiber
Wie es euch gefällt
Julius Cäsar
Heinrich V.
Troilus und Cressida

1601 Hamlet
Was ihr wollt
Maß für Maß
Ende gut, alles gut
Othello

1606 König Lear
Macbeth
Timon von Athen
Antonius und Kleopatra
Coriolan

1609 Perikles

1611 Cymbeline
Das Wintermärchen
Der Sturm
Heinrich VIII.

Kittredge

1590/91 Heinrich VI., 2. Teil

1591 Heinrich VI., 3. Teil

1591/92 Heinrich VI., 1. Teil

1592 Richard III.

1592/93 Die Komödie der Irrungen

1593 Titus Andronicus

1594 Die beiden Veroneser
König Johann

1594/95 Verlorene Liebesmüh

1594/98 Der Widerspenstigen Zähmung

1595 Romeo und Julia
Ein Sommernachtstraum

1596 Der Kaufmann von Venedig
Richard II.

1597 Heinrich IV., 1. Teil

1598/99 Heinrich IV., 2. Teil
Viel Lärm um nichts

1599 Wie es euch gefällt
Heinrich V.
Julius Cäsar

1600/01 Die lustigen Weiber.
Was ihr wollt
Hamlet

1602 Ende gut, alles gut
Troilus und Cressida

1604 Othello
Maß für Maß

1605/06 Macbeth
König Lear
Timon von Athen

1606/08 Perikles

1607 Antonius und Kleopatra

1608 Coriolan

1610 Cymbeline

1610/11 Der Sturm

1611 Das Wintermärchen

1613 Heinrich VIII.

Sieht man diese Liste auch nur flüchtig durch, bemerkt man beträchtliche Unterschiede in der Datierung der einzelnen Stücke, wird aber auch bewogen, jede schematische Interpretation des Werkes abzulehnen. Gewiß wäre es bequemer, nach so vielen anderen Versuchen zu der in den Lehrbüchern verewigten Aufgliederung in Komödien, historische Dramen, Tragödien zurückzukehren. Auch wenn man dadurch nicht eine zutreffende Anschauung der Wirklichkeit erreichte, käme man so in den Genuß der Vorzüge, die eine Simplifizierung gewährt. Eine derart folgerichtige Einteilung müßte den gesunden Menschenverstand fraglos zufriedenstellen: ein junger Mann, der einiges Talent hat, verdient sich zunächst seine Sporen im Lustspiel; als er dann in seinem Fach eine gewisse Meisterschaft erlangt hat, wagt er sich an historische Fresken heran, um sich schließlich, als er sich für ein Genie halten darf, tragischen Schöpfungen zuzuwenden... Solch eine Entwicklung steht leider in flagrantem Widerspruch zu den Tatsachen. Beide Zeittafeln liefern hierfür nicht die geringste Bestätigung und zeigen im Gegenteil, daß Shakespeare sein Leben lang die drei Gattungen, die man so hartnäckig voneinander scheiden möchte, nebeneinander gepflegt hat. Es ergibt sich sogar, daß *Richard III.*, *Titus* und *König Johann* für seine Anfänge noch kennzeichnender sind als *Die Komödie der Irrungen* oder *Die beiden Veroneser*. Zwischen so drolligen Schwänken wie *Der Widerspenstigen Zähmung* und *Ein Sommernachtstraum* fügt sich die düstere Geschichte von *Romeo und Julia* ein. *Viel Lärm um nichts* und *Wie es euch gefällt* hält der politischen Problematik eines *Heinrich V.* die Waage. Der amerikanische Shakespeare-Forscher W. Farnham mag behaupten, der Übergang von *Julius Cäsar* zu *Hamlet* werde durch eine Vertiefung des inneren Leidens gekennzeichnet: Er übersieht dabei, daß in der Zwischenzeit *Die lustigen Weiber von Windsor* entstanden. Ein englischer Gelehrter — H. B. Charlton — mag auf das Erwachen eines sittlichen Bewußtseins in *Macbeth* hinweisen, das den Gestalten in *König Lear* noch fehle. Wir wissen jedoch nicht, welche Tragödie der anderen zeitlich vorangeht. Der Schriftsteller Robert Speaight glaubt in *Macbeth* einen Verfall jener Werte zu erkennen, die noch *Hamlet* das Gepräge geben. Wer würde es für möglich halten, daß eine Posse wie *Was ihr wollt* im Verlauf dieser Metamorphose geschaffen wurde? Zeichnen sich die Märchenspiele der Spätzeit durch eine größere Konsequenz aus? Ist man der Auffassung, Prospero im *Sturm*, der ‹sein Buch versenkt›, solle Shakespeare, der dem Theater entsage, symbolisieren? Man würde damit den Dichter verkennen, der es auf dem Gipfel seines Ruhms für angebracht hielt, seine erlesenen Meisterwerke durch die erlesenen Gemeinplätze seines *Heinrich VIII.* zu krönen.

Man wird wohl oder übel auf die traditionelle Vorstellung verzichten müssen, wonach ein Spaßvogel sich zum Politiker, ein Politiker sich zum Philosophen entwickelt habe, welch letzterem dann in einer äußersten Verwandlung die abgeklärte Heiterkeit eines Magiers beschieden gewesen sei. Freilich dominiert im Spektrum Shakespeares das possenhafte Element in seiner Jugend, das historische in den reifen Mannesjahren, das Tragische in der Spätzeit. Alle diese Elemente sind jedoch so verstreut, daß sich jede logische Aufschlüsselung des Werkes verbietet. Überhaupt verträgt sich trotz der Sarkasmen eines Philip Sidney eine solche Betrachtungsweise nicht mit der elisabethanischen Epoche. Soll man den *Kaufmann von Venedig* zu den Komödien, *Maß für Maß* zu den Dramen rechnen? Keine Einteilung unterbricht hier den Fluß des Lebens. Das possenhafteste Zwischenglied verbindet das Verbrechen mit seiner Sühne. Wie im *Hamlet* vermischen sich Klagereden mit Wortspielen. Es gibt keine Tragödie ohne Lächeln und andererseits keine Posse, die frei von Schmerz wäre. Inmitten der Couplets in *Wie es euch gefällt* stößt man auf die Melancholie Jacques' und die Heimsuchungen des alten Herzogs in seiner Verbannung; die angedrohte Hinrichtung lastet auf Ägeon in *Die Komödie der Irrungen;* der Tod unterbricht plötzlich die Tändeleien von *Verlorene Liebesmüh.* Doch wenn all diese Stücke nicht so scharf voneinander geschieden sind, wie wir das gern unterstellen, so liegt das daran, daß eine tiefe Einheit die geringsten Begebenheiten, die unbedeutendsten Äußerungen zusammenfügt.

> *«Warum mein Lied nur eine Weise kennt,*
> *Erfindung hüllt in hergebracht Gewand,*
> *Daß jedes Wort schon meinen Namen nennt,*
> *Die Herkunft zeigend, und wie es entstand?»* [31]

Darin liegt das Eingeständnis, daß Komödien, historische Dramen und Tragödien dem äußeren Anschein zum Trotz nur das gleiche Geheimnis, die gleiche Berufung verraten.

DAS ALCHIMISTISCHE THEATER

> *«Was ist der Zweck des Studiums? Laßt mich's wissen.*
> *Nun, das zu lernen, was wir jetzt nicht wissen.*
> *Was unerforschlich ist gemeinem Sinn?*
> *Das ist des Studiums göttlicher Gewinn.»*
> *(Verlorene Liebesmüh)*

In England wie überall sonst war die Renaissance eine Zeit, in der der Okkultismus in Blüte stand. Hier stoßen wir auf ein weiteres Paradox dieser verwirrenden Epoche. Wenn sich der Mensch niemals so sehr um seine materiellen Interessen gekümmert hat, so hat er sich auch niemals so eindringlich mit dem Übernatürlichen befaßt. Denn in dem Intervall zwischen dem Schwinden der mittelalterlichen Glaubensvorstellungen und dem Beginn modernen philosophischen Denkens fühlte sich der Geist durch sein eigenes Chaos bedroht und

sah sich daher gezwungen, eine zeitlose Weisheit anzurufen. Alle großen Wendezeiten haben solch eine Angst gekannt und im übersinnlichen Bereiche ihre Zuflucht gesucht; diese Erscheinung bräuchte uns hier nicht zu beschäftigen, wenn sie nicht stets eine Erneuerung der Bühnenkunst ankündigte. Okkultismus und Theater stehen denn auch im Laufe der Geschichte in engsten Beziehungen zueinander. Im übrigen sind sie, die einem gemeinsamen Prinzip ihre Entstehung verdanken, auf das gleiche Ziel gerichtet: Sie wollen dem Menschen durch eine mystische Läuterung, eine Katharsis, das Bewußtsein seines göttlichen Ursprungs zurückgeben.
Diesen unbekannten Bezirk der elisabethanischen Geistigkeit gilt es heute zu erforschen. Wie der Zugang zu ihm zu erschließen ist, haben manche Kritiker – Alfred Dodd, E. M. Tillyard, Theodore Spenser, Arnold Stein, D. S. Savage, Paul Arnold – bereits angedeutet. Die Bestrebungen Sidneys und seiner ganzen Epoche – sagt Paul Arnold – laufen darauf hinaus, den Dingen dieser Welt zu entsagen, sich einen Weg zum Licht zu bahnen, den Himmel und die himmlische Inspiration zu suchen. Abgesehen von den Arbeiten bekannter Alchimisten wie Samuel Norton, Thomas Hariot oder Edward Kelley spricht aus den meisten zeitgenössischen Schriften die Suche nach dem Absoluten, das Erwachen einer Tradition, die über die Geheimbünde bis auf die antiken Mysterien zurückgeht. So gelangen in Lylys *Endymion* die Theorien Johann Tritheims und Cornelius Agrippas zur Anwendung; in *Astrophel and Stella* schildert Sidney einen regelrechten mystischen Weg; in einem ‹Brief an die Geliebte› rühmt der Earl of Northumberland im Anschluß an die *Optik* Alhazens ‹die Erkenntnis, die uns allein auf ständige Freuden vorbereitet und uns okkulte Geheimnisse erschließt›; die *Feenkönigin* Spensers, der *Faustus* Marlowes nähren sich offenbar von neuplatonischen Reminiszenzen; in Nashes *Penilesse* wird die Dämonologie des Pictorius wieder aufgenommen: Thomas Heywood ersinnt eine *Hierarchie der gesegneten Engel* nach den Maßstäben der Kabbala; die *Hymnen* an Cynthia und an die Nacht Chapmans stehen unter dem Einfluß der gnostischen Philosophie usw. Muß man schließlich noch betonen, welch eine Rolle die Ideen eines Nikolaus von Kues, eines Pico della Mirandola, eines Marsilius Ficinus und des bedeutendsten aller Hermetiker: des Paracelsus in diesem Zusammenhang spielten?
Die Monarchen gehören zu den ersten, die diesem Hang zum Okkulten und zum Ungewöhnlichen nachgeben. Elisabeth war bekanntlich leidenschaftlich an diesen Fragen interessiert und protegierte ihr Leben lang den Astrologen John Dee, dessen Engelserscheinungen ihr die günstigen Tage für diese oder jene Unternehmung ankündigten. Sie selber erlebte häufig mystische Krisenzustände, deren neurotischer Charakter mit zunehmendem Alter immer mehr zutage trat. Als sie am 24. Januar 1603 erkrankte, erkundigte sie sich nach den Konjunktionen der Planeten und erhielt den Rat, sie solle Whitehall verlassen und fortan in Richmond residieren. In Whitehall hatten sie überdies unheildrohende Gesichte auf ihr nahes Ende hingewie-

sen: ihr eigener abgezehrter Leib war ihr in strahlendem Lichte erschienen. In Richmond stellten sich abermals Halluzinationen ein; so wurden die Hofdamen zu Vertrauten ihrer Angstzustände. Als sie im Sterben lag, ließ sie sich noch auf eine nekromantische Séance mit Teufelsbeschwörung ein; es heißt, der Leib der Königin sei dabei «in zwei Hälften zerfallen und auf ihrem Stuhl sei eine gewisse ‹Herzdame› angenagelt gewesen, der der Nagel durch die Stirn getrieben war»[32]. Nach der Thronbesteigung Jakobs I. gewann diese Gespensterseherei noch an Bedeutung. Mehrere beunruhigende Erlebnisse hatten den Monarchen schon seit langem davon überzeugt, daß es mit dem Teufelsglauben seine Richtigkeit habe. Kurz vor der Hinrichtung Maria Stuarts, seiner Mutter, hatte man gesehen, wie ein blutiger Kopf über Edinburgh hinwegflog. Als Jakob I. einige Jahre später von Dänemark heimkehrte, hatte ein plötzlich aufkommender Sturm sein Schiff in Gefahr gebracht. Während eines Hexenprozesses stellte sich dann heraus, daß dieser Zwischenfall auf einen Hexensabbat zurückging, den eine gewisse Agnes Sampson, ein gewisser Doktor Fian und mehrere Teufelskreaturen in der Kirche von North Berwick zelebriert hatten. Bevor der König sie verurteilte, verlangte er die hierbei angewandten Riten zu sehen und zeigte sich so beeindruckt, daß er selber zu einem Adepten dieser Künste wurde. Unter seiner Regierung erlebten daher Astrologie, Alchimie, Wahrsagerei, Kabbalistik, esoterische Geheimbünde eine Hochblüte, und der Mon-

Titelholzschnitt zu Marlowes «Doctor Faustus»

arch erniedrigte sich so weit, daß er Scharlatane gegen den Spott verteidigte, mit denen sie Reginald Scott in *Discoveries of Whitchcraft* überschüttete. Es war begreiflich, daß seine Untertanen, durch ein so ruhmreiches Vorbild ermuntert, alle möglichen Fabeln und Legenden verbreiteten, die dann Shakespeare als Quelle dienten. ‹Ammenmärchen› nannte sie Ady vierzig Jahre nach dem Tode des Dichters, ‹ebenso alte wie unrichtige Geschichten über Hexen, Feen, über den Hauskobold Robert Goodfellow, über Geistererscheinungen und Tote, die umgehen; lauter lügenhafte Hirngespinste, denen das Volk selbstverständlich mehr Glauben schenkt als der Heiligen Schrift› [33].
Auf diese Weise wurden alle Gesellschaftsschichten vom Thron bis zur Schenke, vom Schloß bis zur Hütte durch zahlreiche abergläubische Bräuche in ihrem Wunderglauben bestärkt. Kaum ein anderes Werk unterrichtet uns besser über dieses Glaubenssystem als das Werk Shakespeares. Und da hier Menschliches und Tierisches eng beieinanderwohnen, zählt es vor allem allerhand Tiersagen auf:

«Ich kann's nicht lassen; oft erzürnt er mich,
Wenn er erzählt von Ameise und Maulwurf,
Vom Träumer Merlin, was der prophezeit,
Vom Drachen und vom Fische ohne Flossen,
Zerrupften Greif und Raben in der Mauser,
Vom ruh'nden Löwen und der Katz' im Sprunge,
Und solch 'nem Haufen kunterbuntes Zeug,
Daß mich's zum Heiden macht . . .» [34]

Tiere als Unglücks- und Glücksbringer, Fabelwesen und wirkliche Geschöpfe, Wappentiere und Gewürm, liebliche Kreaturen und Ungeheuer — sie alle nehmen am dramatischen Spiel teil. Tiger, Wölfe, Geier, Schlangen treten im *König Lear* auf; Hunde, Esel, Kamele und Pferde in *Troilus und Cressida,* Vögel im *Sommernachtstraum* und im *Sturm;* dieser ganze Tierpark verkörpert Liebreiz oder Ekel — eine Symbolik, die ständig die Handlung begleitet und trägt. Im übrigen steuert auch die Botanik Sinnbilder bei; man denke nur an die Blumen, die Ophelia an die Zeugen ihres Wahnsinns austeilt — Vergißmeinnicht, Fenchel, Akelei, Raute, Maßliebchen, Veilchen — und die Perdita im *Wintermärchen* den Gästen des ländlichen Festes überreicht: Lavendel, Minze, Salbei, Majoran und Ringelblume. Man gewinnt den Eindruck, daß in dieser Welt jedes Wesen, jedes Ding verborgene Wirkungen entfaltet; das gilt ebenso von den Pflanzen, deren Säfte Bruder Lorenzo in *Romeo und Julia* preist, wie von den Ingredienzien, aus denen die Hexen im *Macbeth* ihre Zaubertränke brauen. Die meisten Shakespeareschen Metaphern leiten sich von solch einer phantastischen Flora oder Fauna her, in der die Gattung durch ihre Ähnlichkeit mit unseren Seelenregungen bestimmt wird. Die Angst hat ihre Reptilien, der Zorn seine Raubtiere, die Liebe ihre Früchte, der Wahnsinn sein Unkraut:

Szene aus «Macbeth»

«O Gott, er ist's; man traf ihn eben noch
In Wut, wie das empörte Meer; laut singend,
Bekränzt mit wildem Erdrauch, Windenranken,
Mit Kletten, Schierling, Nesseln, Kuckucksblumen
Und allem müß'gen Unkraut, welches wächst
Im nährenden Weizen . . .» [35]

Ebenso existieren Käuzchen, Schlangen, Einhörner oder Alraunen lediglich, um unsere Ängste, unsere Wünsche zu verkörpern und uns

von Wahrzeichen zu Wahrzeichen auf unserem Schicksalsweg zu geleiten. In solcher Sicht spiegelt die gesamte Schöpfung jeder Augenblick die Wirrungen unserer Triebe wider.
Der Aberglaube verleiht somit den Dramen Shakespeares weit mehr eine Atmosphäre als eine Philosophie. Immer wieder finden sich Entsprechungen, durch die das Weltall mit dem Menschlichen, das Menschliche mit dem Weltall übereinstimmt. Alles ist Symbol, und jedem Symbol eignet Macht über seinen Gegenstand. Die Anwesenheit einer Toten auf einem Schiff genügt, um einen Sturm zu entfesseln, ebenso wie ein vorübergehender Mörder den Leichnam seines Opfers bluten läßt. Wenn überdies alle Bereiche der Wirklichkeit ineinander übergehen, kann nichts Zufälliges geschehen, und so erhalten eine Sonnenfinsternis, eine besondere Wolkenfärbung oder eine sonstige Himmelserscheinung alsbald die Bedeutung von Orakeln, von Botschaften:

> *«Man glaubt den König tot, wir warten nicht.*
> *Die Lorbeerbäum' im Lande sind verdorrt,*
> *Und Meteore drohn den festen Sternen,*
> *Der blasse Mond scheint blutig auf die Erde,*
> *Hohläugig raunen Seher schlimmen Wechsel*
> . . . .
> *Tod oder Fall von Kön'gen kündet das»*[36]

So gehen denn in *Julius Cäsar, König Johann, Richard III.* Verbrechen Hand in Hand mit Naturkatastrophen, stimmt in *Cymbeline* und *Der Sturm* menschliche Vergebung auch die Elemente gnädig, entdeckt der Mensch in *Heinrich VI.* und in *Hamlet,* daß er die Fähigkeit besitzt, mit Dämonen und Gespenstern Verbindung aufzunehmen. Welt und Seele durchdringen sich hier wechselseitig. In *Macbeth* und *Lear* wird die Analogie zur Identität: Das Unwetter spricht aus dem Munde des wahnsinnigen Königs, so wie sich der Krieg durch die Wahrsagungen der Hexen zu Wort meldet, wie der Wald gegen den Usurpator marschiert. Das Schicksal des Helden fügt sich somit in die gewaltige Metamorphose der Schöpfung ein: Das Wort sprengt jede Schauspielerrolle, gewinnt seine kosmische Freiheit zurück und überträgt die menschliche Tragödie in die Sprache der Winde, des Feuers, der Gestirne und Meere.
Alle diese Vorstellungen sollten ihren höchsten Ausdruck in der Philosophie der Rosenkreuzer finden, die nach England gelangte, als Shakespeare seine bedeutendsten Dramen schrieb. Gewisse Übereinstimmungen, die Paul Arnold zwischen Spensers *Feenkönigin* und dem Werke eines der Gründer der Sekte, *Die alchimistische Hochzeit* von Johann Valentin Andreae, entdeckte, lassen freilich vermuten, daß die Themen dieser Mystik bereits in der frühen elisabethanischen Zeit bekannt waren: «Die Symbolik Spensers und die Andreaes dekken sich vollständig, und es besteht nicht der leiseste Zweifel, daß die beiden Texte, von denen nach menschlichem Ermessen keiner den

Szene aus «König Lear»

anderen beeinflussen konnte, zwei Versionen der gleichen okkultistischen Überlieferung darstellen» (Paul Arnold). Wie dem auch sein mag, so kommt jedenfalls dem berühmten Robert Fludd die Ehre zu, die Engländer mit den Geheimnissen des Rosenkreuzertums bekanntgemacht zu haben. Die Lehre, die er vor allem in *Summum Bonum* darlegte, schließt sich an Paracelsus an und erscheint wieder in den Schriften Michael Maiers, Jakob Böhmes und der ersten Theoretiker der Freimaurerei. Sie gehört somit zur echtesten hermetischen Überlieferung, doch würden wir sie kaum an dieser Stelle erwähnen, wenn sie nicht durch einen seltsamen Zufall zugleich auch Shakespeares Philosophie darstellte.

Am Anfang — sagt Robert Fludd — herrscht jene Einheit, die die *Kabbala Aïn Soph* nennt: das Nichts, das Unerkennbare, das Absolute. Die ganze Schöpfung geht hieraus hervor, und zwar durch eine Folge von Teilungen, deren erste das Sein erzeugt. Gott taucht aus dem Nichts auf, offenbart sich selber und scheidet sodann die beiden Prinzipien, die in den Religionen beschrieben werden: die *voluntas*, das aktive, lichthafte, männliche Prinzip, und die *noluntas*, das passive, dunkle, weibliche Prinzip. Aus der Begattung dieser Gegensätze entsteht nunmehr die ursprüngliche Materie, das Chaos, und — durch fortschreitende Differenzierungen — die drei Substanzen: Schwefel, Merkur und Salz, die vier Elemente und schließlich die Geschöpfe und die Dinge, aus denen sich das Reich des Mannigfaltigen zusammensetzt. Am Ende dieser dreifachen Emanation bilden Natur, Tiere und Menschen die niedrigste Stufe einer Wirklichkeit, deren Gipfel sich im Ewigen verliert. So wird eine erlöserische Metamorphose erforderlich: der Tod, der die Materie auflöst und dadurch das dieser innewohnende göttliche Feuer befreit. Wie Jesus sterben wir fleischlich, um geistig aufzuerstehen. Schöpfung, Sündenfall, Auferstehung sind somit die drei Akte eines universalen Dramas, das sich überall wiederholt: im Kreislauf der Jahreszeiten wie in der Thronbesteigung der Könige. Deshalb fällt offenbar dem Menschen eine Aufgabe zu, die ihrem Wesen nach geschichtlich ist: Er soll hienieden diesen Übergang von der Erniedrigung zur Erlösung nachvollziehen. Die Katharsis des Theaters entspricht so dem eigentlichen Ziel der Hermetik, denn indem uns die Tragödie einen symbolischen Tod erleiden läßt, bewirkt sie, wie die Einweihung des Mysten, unsere Auferstehung; sie faßt sinnbildlich in uns die Geschichte des Kosmos zusammen: des Kosmos, der aus Gott entstanden ist und zu Gott zurückkehren muß, sobald die Zeiten erfüllt sein werden.

Es liegt eine seltsame Ironie darin, daß uns diese Anschauung von Anfang und Ende des Kosmos in der *Komödie der Irrungen* nahegebracht wird. Es gibt kein Stück Shakespeares, dessen Titel besser paßt, da es ja ein Irrtum wäre, es als Komödie anzusehen. Von vornherein wird hier das grundlegende kosmogonische Problem aufgeworfen: die Bildung des Mannigfaltigen, das nach der Entwirrung des dramatischen Knotens zur Harmonie zurückkehren wird. Zwei Städte führen Krieg miteinander: Ephesus und Syrakus, womit die erste Spaltung der Einheit symbolisiert wird. Und als wollte er uns die Schöpfungsgeschichte erzählen, unterrichtet uns der Dichter durch den Mund Ägeons über die aufeinanderfolgenden Inkarnationen dieses

Prinzips. Einstmals lebten der Kaufmann Ägeon und seine Frau Emilia in glücklicher Ehe in Syrakus:

> *«Liebten so, daß Lieb' zu zweien*
> *Nur aus einem Wesen war;*
> *Unterschieden, doch e i n Paar.»* [37]

Ihr Glück gedieh, bis ihnen das Schicksal einen bösen Streich spielte. Nach dem Tode eines seiner Geschäftsführer sieht sich Ägeon zu einer Reise genötigt, um für seine ‹preisgegebenen Güter› zu sorgen; er entreißt sich daher ‹seiner Gattin treuem Arm› und begibt sich nach Epidamnum. Nach sechs Monaten folgt Emilia ihm nach und bringt Zwillinge zur Welt: am gleichen Tage, an dem in der gleichen Herberge eine arme Frau ebenfalls mit Zwillingen niederkommt. Aus Mitleid kauft Ägeon diese Kinder, die beiden Dromion, um sie als Sklaven seiner eigenen Söhne, die beide Antipholus heißen, aufzuziehen. Aber auf der Heimfahrt erlebt die ganze Familie einen Schiffbruch und zerfällt in zwei Trios, die von zwei Schiffen aufgenommen werden. Ägeon, ein Antipholus und ein Dromion kehren nach Syrakus zurück, während Emilia, der andere Antipholus und der andere Dromion in Ephesus eintreffen. Als die syrakusaner Zwillinge achtzehn Jahre alt sind, beschließen sie, sich aufzumachen, um ihre Brüder zu suchen. Fünf Jahre später wird auch Ägeon des Wartens müde und folgt ihren Spuren. Der Zufall will es, daß die Umherirrenden nach Ephesus gelangen, wo Ägeon als Syrakusaner verhaftet und zum Tode verurteilt wird. Die Behörden sind jedoch gerührt, als er von seinem Unglück erzählt, und gewähren ihm einen Tag Aufschub, damit er seine Söhne wiederfinden und ‹Hilfe in Freundeshilfe suchen› kann. Sollte er keinen Erfolg haben, wird man ihn hinrichten. Es versteht sich, daß sich nach zahlreichen Verwechslungen die beiden Antipholus, die beiden Dromion, Ägeon und Emilia in den Armen liegen; so ist die Familie endlich wieder vereint und die Harmonie wie ehedem wiederhergestellt.

Diese Fabel, der ein verborgener mathematischer Sinn innewohnt, besteht aus einer Folge von Schicksalsschlägen, deren jeder die Trennung eines Paares bewirkt. Die Handlung entwickelt sich wie die Theogonie Hesiods. Der ersten Trennung des Ehepaars würde in der Kabbala die Spaltung in *voluntas* und *noluntas* entsprechen — diese beiden Mächte, die während der ganzen Weltzeit ständig danach trachten sich zu vereinigen, die ursprüngliche Ordnung wiederherzustellen. Doch nun vervierfacht sich die Zweiheit durch die beiden Antipholus und die beiden Dromion, von denen sich sagen läßt: *«Ein Ei ist ja dem andern nicht so gleich als diese zwei Geschöpfe.»* [38]

Eine dritte Spaltung trennt dann die ganze Gruppe und reißt Vater, Mutter, Kinder und Sklaven in einem symbolischen Schiffbruch auseinander. In dieser Phase der Verwicklung erreicht die Zerstückelung ein Höchstmaß; die Einheit weicht der Vielfalt, das heißt Irrtum und Täuschung:

«Wir wandern unter Trug und Blendwerk hier;
Ein guter Geist entführ' uns bald von hinnen!

Nun, beim Sankt Veit, verzeih uns Gott die Sünde,
Hier walten Feen, der Himmel sei mir gnädig,
Mit Gnom und Kauz und Elfengeistern red' ich!» [39]

Doch von dieser Verwirrung muß der Mensch sich befreien, will er nicht zugrunde gehn, und der Tod, der Ägeon droht, zeigt zur Genüge, daß diese Gefahr wirklich besteht. So sehen wir denn auch, wie alle diese Menschen leidenschaftlich einander suchen und leidenschaftlich nach ihrer verlorenen Einheit verlangen:

«Ich gleich in dieser Welt 'nem Tropfen Wasser,
Der einen andern Tropfen sucht im Meer;
Er stürzt hinein zu suchen den Gefährten,
Und ungesehn vergeht er selbst im Forschen.» [40]

Diese Sehnsucht nach Einheit und zugleich nach ‹Erkenntnis› spricht schon aus den ersten Worten, die Antipholus von Syrakus an Luciana richtet:

«Holdselig Kind, ich weiß nicht deinen Namen,
Auch ahn' ich nicht, wer meinen dir genannt;
Anmut und Einsicht machen dich zum Wunder
Auf dieser Erde, ja zur Himmelsgabe.
Lehr' mich, Geliebte, prüfen, denken, sprechen;
Entfalte meinen irdisch groben Sinnen:
Wie mag ich, wahnumstrickt, betört von Schwächen,
Den Inhalt deines dunklen Worts gewinnen?
Was strebst du, meine Seele zu entraffen,
Und lockst sie in ein unbekannt Gefild?
Bist du ein Gott? Willst du mich neu erschaffen?
Verwandle mich, dir folg ich, schönes Bild!» [41]

Hier sieht man es deutlich: Den anderen wiederfinden, heißt nicht nur, die eigene Identität zurückgewinnen, sondern an einer wahrhaften Verwandlung teilhaben. Sobald erst, durch einen Vorgang, der dem Siege des Frühlings über den Winter gleicht, die Irrungen überwunden sind, erkennen alle diese Wesen sich wieder; die Einheit wird wiederhergestellt. So ist nach der Lösung des dramatischen Knotens die Familie in der gleichen Ordnung verbunden, der sie die Geschehnisse entfremdet hatten, und dieser Heimführung entspricht eine ‹neue Geburt›. Emilia sagt abschließend:

«Ja, fünfundzwanzig Jahr' lag ich in Wehn
Mit euch, ihr Söhne; erst in dieser Stunde
Genas ich froh von meiner schweren Bürde.» [42]

An dieser Komödie, einem der frühesten Werke, lassen sich die Grundzüge des shakespeareschen Theaters ablesen. Die Scheidung des männlichen und des weiblichen Elements findet sich in der Tat in *Perikles* und in *Was ihr wollt* wieder; auch hier kommt es zu einer Reihe von Mißverständnissen, wie sie Epheser und Syrakusaner quälen. Und vom *Sommernachtstraum* hat man mit Recht gesagt, daß diese neue Verwandlungskomödie noch umfassender ist als die frühere, da sie sich ‹auf die Elemente und das Geisterreich erstreckt; auch ist ein wesentlicher Unterschied, daß all' die Wunderdinge: Zaubertränke, Verhexungen, Feen und Kobolde nicht bloß in der Phantasie existieren, sondern das ganze Stück durchziehen› (Paul Reyer). Auch hier stürzt der Konflikt zwischen den höheren Mächten, die sich in Oberon und Titania verkörpern, die Sterblichen in Finsternis und Verirrungen, die nur durch die schließliche Versöhnung der Götter und Helden ein Ende finden. In *Cymbeline* klingt das gleiche Motiv an: Die Einheit, die Imogen und Posthumus durch ihre geheime Trauung bekräftigen, wird durch den Verrat Jachimos und der Königin zerstört, stellt sich jedoch zum Schluß wieder her, wobei sie noch durch die Zwillinge Arviragus und Guiderius eine Bereicherung erfährt. Desgleichen werden im *Wintermärchen* zwei in ihrer Jugend gemeinsam erzogene Könige zu Feinden und versöhnen sich erst wieder, als ihre Kinder: Florizel und Perdita zueinander finden, wofür die Auferweckung Hermiones als Sinnbild dient. So werden, in Märchenspielen wie in Komödien, mehrere Menschen, die einander in Liebe verbunden sind, jäh auseinandergerissen, worauf sie in dunklem Drange, unter Schmerzen und in Zwietracht, jene Einheit, deren kosmische und metaphysische Bedeutung nicht zweifelhaft bleibt, zurückzugewinnen suchen. Der Schluß des *Sturm* ist ein letztes Zeugnis hierfür:

> «. . . *Auf der gleichen Reise*
> *Fand Claribella den Gemahl in Tunis,*
> *Und Ferdinand, ihr Bruder, fand ein Weib,*
> *Wo man ihn selbst verloren; Prospero*
> *Sein Herzogtum in einer armen Insel;*
> *Wir alle uns, da niemand mehr er selbst war.*» [43]

In dieser Perspektive erscheint auch eine anscheinend so banale Komödie wie *Die beiden Veroneser* als regelrechte Einweihung in ein Mysterium. In der Eingangsszene nehmen zwei Freunde Abschied voneinander: Proteus, der in Julia verliebt ist, bleibt in Verona, um seiner Angebeteten den Hof zu machen, während Valentin, der starke Geist, der Verächter billiger Vergnügungen, nach Mailand aufbricht, um ‹die Wunder fremder Länder zu beschauen›, und erklärt, Jugend, die zu Hause hocke, behalte einen ‹hausbackenen Sinn›. Genau so ergreift zu Beginn der alchimistischen Legenden, insbesondere der *Hochzeit* von Andreae, der Adept den Wanderstab, ohne sich seines Zieles klar bewußt zu sein. Zumindest die Reinheit seines Strebens dient ihm als Wegzehrung, und mag ihm auch das Glück nicht besonders gewogen bleiben, so wird ihn doch ein wunderkräftiger Instinkt vor dem Scheitern bewahren. Solch ein Los ist Valentin beschieden, und die Liebe, über die er sich mokiert, wird alsbald in einem lichten Augenblick auch von Proteus verleugnet: Diese irdische Liebe, die eher ein Hindernis als eine Erfüllung darstellt, hemmt ja den Menschen auf dem Weg zur Erkenntnis:

> *«Du süße Julia, du hast mich verwandelt;*
> *Verhaßt ist Wissenschaft, die Zeit vergeud' ich,*
> *Trotz biet' ich gutem Rat, die Welt nichts achtend;*
> *Krank ist mein trüber Sinn, in Leid verschmachtend.»* [44]

Von diesem Geständnis an scheiden sich die Wege der beiden Edelleute: Valentin strebt nach einem vollen, echten Leben; Proteus ist der Liebende, der das Lieben bereut, ein unbedeutender Geist, den die Leidenschaft ärmer macht, statt ihn zu läutern. Ebenso erleidet seine Geliebte eigenartige Qualen durch ihre Koketterie. Sie ist unfähig, es zum wirklichen Bruch kommen zu lassen, zerreißt die Briefe ihres Verehrers, liest jedoch einen Augenblick später wieder die Stücke zusammen und verlästert bereitwillig vor Lucetta, ihrer Vertrauten, die Neigung, von der sie insgeheim besessen ist. Doch nun werden die Freunde wieder vereint und die Liebenden getrennt, denn Proteus' Vater ist es müde, daß sein Sohn in Verona ein Faulenzerleben führt, und schickt auch ihn, damit er sich bilde, an jenen Hof in Mailand, dessen gute Manieren und gewählte Gäste an den Landsitz Belmont im *Kaufmann von Venedig* und an die *Alchimistische Hochzeit des Christian Rosenkreutz* erinnern. An dieser erlesenen Bildungsstätte findet Proteus einen schon verwandelten Valentin wieder, der in Silvia verliebt ist und Qualen aussteht, weil er nicht weiß, ob seine Liebe erwidert wird. Bei der Begegnung der jungen Leute ist diese ungewöhnliche Frau zugegen, zu der alsbald auch der Neuankömmling, der darob seine Julia vergißt, in leidenschaftlicher Liebe entbrennt. Und nunmehr tritt endlich der Gegensatz zwischen beiden Charakteren deutlich zutage: Während der hochherzige Valentin die Vorzüge seines Landsmannes in den Himmel erhebt, hat Proteus nichts Eiligeres zu tun, als den Freund zu verraten, indem er den Herzog über dessen Entführungspläne unterrichtet. Während sich derart der eine der Liebe hingibt, entscheidet sich der andere bewußt für Treulosigkeit und Heuchelei. Proteus, der Valentin verleumdet und Silvia nachstellt, zeigt in beiden Fällen die gleiche Niedertracht, und daher muß er auch mit seinem Bemühen kläglich Schiffbruch erleiden.
Denn wer ist Silvia?

VALENTIN: *Ja, ist sie nicht ein himmlisch Heil'genbild?*
PROTEUS: *Nein, doch sie ist ein irdisch Musterbild.*
VALENTIN: *Nenn' göttlich sie . . .*
So sprich von ihr die Wahrheit; wenn nicht göttlich,
Laß sie doch eine Hoheit sein, erhaben
Vor allen Kreaturen auf der Erde.

Ein Mystiker würde kaum andere Worte gebrauchen, und Proteus selber schlägt bald die gleichen Töne an:

«Wer ist Silvia? Was ist sie,
Die aller Welt Verehrung?
Heilig, schön und weis' ist sie,
In himmlischer Verklärung.
Lob und Preis ihr, dort und hie.» [45]

Und so geht es fort. Gewiß könnte man in dieser Serenade den Einfluß der höfischen Minnelieder entdecken, wie er noch hinter den Schäfergedichten von *Verlorene Liebesmüh* erkennbar ist, aber wir wissen durch neuere Arbeiten, daß diese Minne über das Wesen der Frau hinausging und die himmlische Vollkommenheit, die höchste Erkenntnis besang. Es besteht kein Zweifel: Heiligkeit, Liebe und Weisheit erheben Silvia ebenso wie die Jungfrau Andreaes zur Künderin der philosophischen ‹Wunder›, auf deren Entdeckung Valentin so erpicht ist. Die letzte Strophe sagt es deutlich genug:

«Dich, o Silvia, singen wir,
Die hoch als Fürstin thronet;
Du besiegst an Huld und Zier,
Was auf Erden wohnet.
Kränzt das Haupt mit Rosen ihr.» [46]

Proteus' Durchtriebenheit hat indessen Erfolg, und Valentin, den der Herzog in seinem Groll verbannt hat, bricht in die Klagen eines Gläubigen aus, der sich auf einmal der Gnade beraubt sieht:

«Ist Licht noch Licht, wenn ich nicht Silvia sehe? . . .
Sie ist mein Lebenselement; ich sterbe,
Werd ich durch ihren Himmelseinfluß nicht
Erfrischt, verklärt, gehegt, bewahrt im Leben.» [47]

Nach der Trennung von der Geliebten beginnt für den Adepten die Zeit der Prüfungen. Wie Rosenkreutz, der die schlafende Venus überraschte, war es ihm vergönnt, die Vollkommenheit zu betrachten, die er sich nun erkämpfen muß. Wir sehen, wie er geächtet im Walde umherirrt, wo ihn Operettenbanditen gefangen nehmen, die ihn auf der Stelle zu ihrem Hauptmann erküren. Doch je mehr das Unglück ihn reifen läßt, um so tiefer versinkt sein Gegenbild Proteus in Schande, bis er sogar dem elenden Thurio Kupplerdienste leistet. Der Hohn Silvias über seine Machenschaften erinnert an die Verwünschungen, mit denen die Jungfrau in der *Alchimistischen Hochzeit* die Verwegenen bedenkt, die den Stein der Weisen zu erlangen trachten, ohne die sittliche Eignung zu besitzen:

«Denn ich, – hör's, blasse Königin der Nacht,
Ich bin so fern, mich deinem Flehn zu neigen,
Daß ich dein schmachvoll Werben tief verachte . . .» [48]

Doch der Ruchlose fleht weiter und bittet, da ihm andere Gaben versagt werden, um ein Bildnis. Eben dieses Verlangen erhellt aufs beste den inneren Sinn der Handlung: Während sich Valentin durch Prüfung über Prüfung in seiner Auserwähltheit bestätigt sieht, verkörpert Proteus den Menschen, der einen falschen Weg eingeschlagen hat und sich fortan mit kümmerlichen Attrappen begnügt. Gesteht er es nicht selbst:

«. . . ich bin ein Schatten nur,
Und eurem Schatten will ich liebend huld'gen.» [49]

Letzter Akt: Unter den Auspizien einer Sonne, die ‹schon den Abendhimmel rötet›, finden sich die wahren Liebenden wieder, vollendet sich die *Unio Mystica.* Der Herzog, Thurio, Proteus und Julia verfolgen sich derweil und verirren sich im Walde; auf diese Weise symbolisieren sie die Menschen, denen die Erkenntnis fremd ist, so daß sie ihr blindlings in der finstersten Nacht nachjagen, während Valentin und Silvia geradenwegs aufeinander zuschreiten, gleichsam unter der Anziehung einer magischen Kraft. Und in der letzten Szene vollzieht sich die Wiedergeburt: Verzeihungen, Schwüre werden ausgetauscht, und die versöhnten Paare rüsten sich zur Hochzeit:

«Und dann sei unser Hochzeitstag der deine;
Ein Fest, ein Haus und ein gedoppelt Glück.» [50]

Derart finden sich Einflüsse der Geheimphilosophie der Minnesänger wie der allegorischen Moral der Alchimisten in Shakespeares Erotik. In *Romeo und Julia*, in *Perikles*, in *Wie es euch gefällt* und im *Wintermärchen* wird die Frau als Symbol eines Zustands gepriesen, den sich der Mann durch Beständigkeit, Keuschheit, Entsagung verdienen muß. Das gilt zumindest von Beatrice, Rosalinde, Helene und Julia, vor allem aber von Hermione, Pauline und Perdita, die dem unnachgiebigen, eifersüchtigen, grausamen Leontes das dreifache Reich der Treue, Güte und Gnade entgegensetzen. In diesem Lichte ist die Eroberung einer Frau nichts anderes als der niedere, äußerliche Aspekt einer Wiedergewinnung der Einheit mit Gott. Sie erfordert eine Askese, die sich mit der ‹Suche nach dem heiligen Gral›, den Einweihungsriten und den Stufen zur Erlangung des Steins der Weisen vergleichen läßt – diesen Stufen, deren letzte, die Vermählung von Schwefel und Quecksilber, bezeichnenderweise: die Hochzeit von König und Königin genannt wird. Doch nirgendwo tritt der mystische Sinn dieser Vereinigung deutlicher hervor als am Schluß von *Verlorene Liebesmüh*, wo dem Bewerber strenge Abgeschiedenheit und Meditation auferlegt werden, damit er der höchsten Gnade teilhaftig werden kann:

«. . . eilt sofort
In eine Siedlung still und abgelegen,
Entfernt von allen Freuden dieser Welt;
Dort weilt, bis durch der zwölf Gestirne Kreis

The moſt excellent
Hiſtorie of the *Merchant of Venice.*

VVith the extreame crueltie of *Shylocke* the Iewe towards the ſayd Merchant, in cutting a iuſt pound of his fleſh: and the obtayning of *Portia* by the choyſe of three cheſts.

As it hath beene diuers times acted by the Lord Chamberlaine his Seruants.

Written by William Shakeſpeare.

AT LONDON,
Printed by *I. R.* for Thomas Heyes,
and are to be ſold in Paules Church-yard, at the ſigne of the Greene Dragon.
1600

Titelblatt zum «Kaufmann von Venedig»

Die Sonnenbahn den Jahreslauf vollendet.
Wenn solche Streng' und abgeschiednes Leben
Nicht ändern, was dein heißes Blut gelobt,
Wenn Frost und Fasten, Klaus' und leicht Gewand
Nicht welkt die heitern Blüten deiner Neigung;
Wenn sie sich prüfungsstark bewährt als Liebe,
Dann, nach Verlauf des Jahrs, erscheine wieder,

Sprich kühn mich an, pochend auf dein Verdienst,
Und bei der Jungfraunhand, die jetzt die deine
berührt, bin ich dein eigen . . .» [51]

Die Quintessenz des *Kaufmann von Venedig* ist ebenfalls solch eine Einweihung in das Mysterium der Erlösung. Zwei Fabeln – die Schuld Antonios und die Liebe der edlen Porzia – verschmelzen nach und nach zu dem einzigen Thema der Nächstenliebe: deren Eingreifen rettet zu guter Letzt die Menschen, die dessen würdig sind. Diesen Episoden entsprechen die beiden Orte, in denen die Handlung sich abspielt: Venedig, die Stadt des Gewinns, der irdischen Begierden, und Belmont, die wahre Gralsburg, in der Porzia, nachdem sie zwei Verehrer abgewiesen hat, den dritten: Bassanio erhört. Die Geschichte, die in den Handelsvierteln der Stadt anhebt, endet in den Gärten dieses Landsitzes und verdeutlicht auf solche Weise den Übergang vom Geschäftsbetrieb zum adligen Dasein, vom Laster zur Reinheit, vom gewöhnlichen zum geistigen Leben.
Diese Verwandlung wird ganz offensichtlich in der berühmten Kästchenszene. Zweifellos ist Porzia, ebenso wie Hermione oder Silvia, ein Sinnbild der höchsten Liebe und der höchsten Weisheit, die sich der Mensch auf Erden erträumen kann:

«Das ist das Fräulein, alle Welt begehrt sie,
Aus jedem Erdteil kommen sie herbei,
Dies sterblich atmend Heil'genbild zu küssen.
Hyrkaniens Wüsten und die wilden Öden
Arabiens sind gebahnte Straßen nun
Für Prinzen, die zur schönen Porzia reisen . . .» [52]

Doch obgleich sie derart umworben wird, will die edle Dame ihre Hand nur dem Sieger in einer Prüfung schenken, wie sie auch Perikles bestehen muß:

«Es steht vor dir die holde Hesperide
Mit goldner Frucht, gefährlich zu berühren;
Des Todes Drachenbrüder schrecken dich.
Ihr himmlisch Angesicht reizt dich zur Schau
Der Unzahl Wunder, die Verdienst gewinnt;
Greift ohne solch Verdienst der Blick nach ihr,
Büßt es dein ganzer Leib im Tode mir.» [53]

Die Bewerber sollen unter einem bleiernen, einem silbernen und einem goldenen Kästchen dasjenige auswählen, welches das ‹himmlische Abbild› ihrer Angebeteten enthält. Häufig schildern die hermetischen Erzählungen, wie der Adept derart an der Kreuzung der Wege steht, von denen nur ein einziger zum Heil führt; Shakespeare scheint diese Parabel dadurch zu popularisieren, daß er die traditionellen alchimistischen Metalle einführt. «Wer mich erwählt, gewinnt, was mancher Mann begehrt», lautet der Spruch auf dem goldenen Kästchen. Damit ist der Tod gemeint; denn die Wahl des Goldes bedeutet, daß man dem materiellen Besitz vor dem seelischen Reichtum den Vorzug gibt und somit den einzigen Freuden erstirbt, die wirklichen Wert haben. Der Prinz von Marokko muß für seinen Irrtum damit büßen, daß er nur ein Skelett findet und recht frostig verabschiedet wird. Auf dem silbernen Kästchen liest man die Inschrift: «Wer mich erwählt, bekommt so viel als ihm gebührt.» Doch was gebührt einem Manne, der sich nicht völlig dem Streben nach Erkenntnis gewidmet hat? Lediglich eine Demütigung, wie sie dem Prinzen von Arragon zuteil wird, als er im Kästchen den Kopf eines Gecken und seltsame Sprüche entdeckt, die sich auf das Brennen der Materie im Schmelztiegel beziehen. So bleibt noch das bleierne Kästchen, auf dem geschrieben steht: «Wer mich erwählt, der gibt und wagt sein alles dran.» Das ist der dritte Weg zur Meisterschaft, die enge Pforte, die königliche Straße des Opfers. Bassanio wählt sie und gewinnt dadurch Porzia; dabei vertauscht er das gemeine Blei des äußeren Scheins mit dem Gold der Offenbarung. Und durch seinen Sieg erhebt er sich alsbald über unsere menschliche Natur; er findet Einlaß in ein Paradies:

«Wo jedes Etwas, ineinander fließend,
Zu einem Chaos wird von nichts als Freude,
Laut oder sprachlos . . .» [54]

Der esoterische Sinn des *Kaufmann von Venedig* bestätigt somit die Moral der *Beiden Veroneser*. Wie Valentin wird auch Bassanio erst durch seine Prüfung und völlige Selbstentäußerung zum Meister. Doch dieser Welt der Auserwählten stellt sich mehr denn je die Welt der Verblendeten entgegen. Der Konflikt, der Proteus und Valentin entzweite, entsteht in verschärftem Maße zwischen Shylock und Porzia. Bekanntlich hatte Antonio ähnlich wie Faust eine Schuldanerkenntnis unterzeichnet, durch die er dem Juden ein Pfund seines lebendigen Fleisches verpfändete. Als die Schuld fällig wird, schleppt ihn der Wucherer vor ein Gericht, in dem Porzia *incognito* den Vorsitz führt, wie der Herzog von Wien in *Maß für Maß*. Bald stellt sich heraus, daß Shylocks Hinterlist nichts Zufälliges an sich hat. Zwei Welten bieten sich hier die Stirn wie Himmel und Hölle, und zwischen ihnen stellt Antonio den Menschen, den Einsatz dar. Während Großmut, Größe, Schönheit und Milde aus Porzia sprechen, verkörpert Shylock das genaue Gegenteil. Da er das Gesetz hinter sich weiß, zeigt er sich als unerbittlichen Rechner, als Zyniker, der ‹auf seinem Schein besteht› und dessen Gerechtigkeit jede Gnade verabscheut:

«Die Art der Gnade weiß von keinem Zwang,
Sie träufelt wie des Himmels milder Regen,
Zur Erde unter ihr; zweifach gesegnet:
Sie segnet den, der gibt, und den, der nimmt;
Sie ist die Macht der Mächte . . .
Und ird'sche Macht kommt göttlicher am nächsten,
Wenn Gnade bei dem Recht steht; darum, Jude,

Suchst du um Recht schon an, erwäge dies:
Daß nach dem Lauf des Rechtes unser keiner
Zum Heile käm'; wir beten all' um Gnade.» [55]

Damit das Stück seinen vollen Sinn erhält, muß somit der Anspruch des Rechts der Liebespflicht weichen. Die subtilste Dialektik bringt Shylock um den erhofften Lohn, aber führt überdies zu seinem Ruin, da sie seine Beschuldigungen gegen ihn selber kehrt. Und derart wird Antonio, um den der Streit geht, zum Unterpfand der besseren Sache. Porzia, die in ihrer Rolle als Künderin des Mysteriums dadurch gefestigt ist, daß sie der Gnade den Weg gebahnt hat, befreit ihn, wie auch Bassanio, von seinen letzten Verstrickungen. Aber hatte nicht er selber durch sein anfängliches Opfer schon den guten Weg gewählt? Gefängnis und Prozeß waren zur Genüge ein Beweis für seine Beständigkeit. In einer letzten Prüfung, wie sie übrigens auch zu den Bräuchen der freimaurerischen Bestallung gehörte, spürte er die Spitze jenes ‹bloßen Dolches› auf seiner Brust, an den sich dann Hamlet erinnert. Als Sieger kann er nunmehr in Belmont den idealen Tempel betreten und unter Porzias Ägide zusammen mit Bassanio, Lorenzo, Graziano, Jessica, Nerissa eine Art Loge, eine höhere Gemeinschaft begründen, die fortan kein anderes Gesetz kennen wird als Poesie und Musik.
Die Musik. Sie ist allgegenwärtig in Shakespeare. Souverän kreist sie zwischen Menschen und Gestirnen. Die Nacht ist ihre Mittlerin, das Wunderbare ihr Instrument. Aus den Tiefen der Musik erwächst der prophetische Gesang, kehren die Vermißten zurück; ihre Klänge künden das Schicksal an:

«. . . Was für Musik?
Mein Fürst, ich höre keine.»
«Keine! 's ist die Musik der Sphären . . .
Höchst himmlische Musik!
Sie zwingt zum Lauschen mich, und tiefer Schlummer
Senkt sich auf meine Augen; laßt mich ruhn». [56]

Und nun erhellt der Mond den Horizont eines dunklen Himmels, um seine Herrschaft anzutreten, wie einstmals in den orphischen Mysterien:

«Nun rückt, Hippolyta, die Hochzeitsstunde
Mit Eil heran; vier frohe Tage bringen
Den neuen Mond: doch, o wie langsam nimmt
der alte ab! . . .» [57]

Dieser Mond, der in der Schlußszene des *Kaufmann von Venedig* angerufen wird, entschleiert in *Ein Sommernachtstraum* den kosmischen Ablauf des Mysteriums. Während die Handlung üppig wuchert, erleuchtet er von Zeit zu Zeit den Weg der Seelen, die das

Absolute suchen. Eingangs wird er als abnehmend geschildert und vollendet sodann einen ganzen Kreislauf, vom Tode bis zur Auferstehung, bis der Neumond die rituelle Hochzeit zwischen König und Königin konsekriert:

«Vier Tage tauchen sich ja schnell in Nächte:
Vier Nächte träumen schnell die Zeit hinweg:
Dann soll der Mond, gleich einem Silberbogen
Am Himmel neu gespannt die Nacht beschaun
Von unserm Fest . . .» [58]

In dieser gleichen Nacht soll Hermia hingerichtet werden, falls die Rebellin sich weigert, Demetrius zu heiraten:

«Nehmt euch Bedenkzeit; auf den nächsten Neumond,
den Tag, der zwischen mir und meiner Lieben
Den ew'gen Bund der Treu besiegeln wird,
Auf diesen Tag bereitet euch zu sterben . . .» [59]

Man ahnt sogleich den tiefen Zusammenhang zwischen Liebe, Traum und Tod, den drei Zuständen, durch die die Menschen hindurchmüssen, bevor sie in das Licht eingeweiht werden. Bis zu dieser Erlösung herrscht die Zeit der Ängste – eine Zeit, zu deren Unbilden Oberon und Titania gleichermaßen beitragen:

«Drum hat der Mond, der Fluten Oberherr,
Vor Zorn erbleicht die ganze Luft gewaschen
Und fiebrige Gebresten viel erzeugt.» [60]

Zugleich wird Theseus' Reich von Überschwemmungen, Unfruchtbarkeit, Seuchen heimgesucht. Es ist begreiflich, daß hier, wie in der Umgebung der Burg des Amfortas, das Land unter einem Fluche leidet. Bevor die Hochzeit es erneuert, ist es dem Einfluß eines bösen Mondes preisgegeben – des ‹kalten, unfruchtbaren Mondes›, den die Jüngerinnen der Artemis verehren. Vergebens stellen in seinem grausamen Lichte Helena, Demetrius, Lysander, Hermia einander nach. Vergebens entsendet Oberon gegen seine unheilvolle Macht den mit einem Zaubersaft geschützten Puck; der Irrtum oder die Eulenspiegelei des Kobolds steigert noch das Ungemach. Bekümmerter denn je durchirren die Liebenden den dunklen Wald, während Titania sich in Zettel mit seinem Eselskopf verliebt und die Elfen vor den Ungeheuern der Finsternis erbeben: den zweizüngigen Schlangen, Igeln, Molchen, Spinnen und Schnecken. «Ach du verlässest mich im Dunkel hier!» ruft Helena am Rande der Verzweiflung aus, und Hermia schwört, als sie aus einem Alptraum erwacht, eine Schlange habe ihren Busen zerfleischt.
Damit sie dem Einfluß des ‹unheilvollen Gestirns›, das den Streit zwischen den Geschlechtern verewigt, entgegenwirke, wird sodann Venus angerufen, die hell ‹droben in ihrer strahlenden Sphäre› thront. Als die Verwirrung ihr höchstes Maß erreicht hat, wiederholt Oberon bei der Verzauberung des Demetrius das Gebet:

Angebliches Porträt Shakespeares
(Gemälde von Cornelis Janssen)

«Wenn er sucht sein Liebchen fein,
Möge strahlend sie sich zeigen,
Venus gleich, im Sternenreigen . . .» [61]

Und im gleichen Augenblick, in dem der Gott sich anschickt, die Mißverständnisse auszuräumen und so einen glücklichen Ausgang vorzubereiten, leuchtet der Liebesstern magisch am Himmel auf und beginnt, den bösen Zauber des Mondes auszuschalten. Es ist höchste Zeit; die Zwistigkeiten haben inzwischen ein groteskes Ausmaß erreicht. Lysander zieht sein Schwert gegen Demetrius, stellt Helena nach, beleidigt Hermia, und ein jeder beschuldigt und schmäht den anderen in ärgstem Durcheinander. «Herr, was für Narren sind die Sterblichen!» Doch der gute Geist ist auf der Hut: So wie Ariel im *Sturm* die Schiffbrüchigen in alle Winde zerstreut, trennt Puck die Liebenden voneinander, führt sie in die Irre, läßt sie in Schlaf sinken:

OBERON: *Wenn sie erwachen, ist, was sie betrogen,*
Wie Träum' und eitles Nachtgebild verflogen;
Dann kehren wieder nach Athen zurück
Die Liebenden, vereint zu stetem Glück.
PUCK: *Mein Elfenfürst, wir müssen eilig machen.*

Die Nacht teilt das Gewölk mit schnellen Drachen,
Auch schimmert schon Auroras Herold dort,
Und seine Näh' scheucht irre Geister fort
Zum Totenacker; banger Seelen Heere,
Am Scheideweg begraben und im Meere,
Man sieht ins wurmbenagte Bett sie gehn
. . . .[62]

So neigt sich denn das unheilvolle Regiment des Mondes seinem Ende zu. Bald wird der Morgen den Zauberspuk durch die Alchimie der Sonne verscheuchen – der Sonne, die aus dem Meere auftaucht und die grünen Meeresfluten «mit schönem Strahle golden überglüht». In dieser Stunde fleht die ganze Natur durch Hermiones Mund um ihre Befreiung:

«O träge, lange Nacht, verkürze dich!
Und Tageslicht, laß mich nicht länger schmachten!» [63]

Alsbald kann ein jeder in Theseus' Palast heimkehren, um die erlösende Hochzeit zu feiern und den alten Mond zu begraben, so wie man eine Karnevalspuppe verbrennt. Denn auf solche Weise: in Heiterkeit und strahlendem Lichte soll eine Sommernacht ein Ende nehmen. Diese ganze Metamorphose wird uns noch einmal durch die kunterbunte Allegorie von Pyramus und Thisbe ins Gedächtnis gerufen, mit der das Fest seinen fröhlichen Abschluß findet:

ANRUFUNG
«O Nacht, so schwarz von Farb', o grimmerfüllte Nacht!
O Nacht, die immer ist, sobald der Tag vorbei!»

ERSCHEINUNG
«Den wohlgehörnten Mond d' Latern z' erkennen gibt;
Ich selbst der Mann im Mond, sofern es euch beliebt.»

BESCHWÖRUNG
«Ich bin diesen Mond satt; ich wollte, er wechselte!»
«Das kleine Licht seiner Vernunft zeigt, daß er im Abnehmen ist.»

VERWANDLUNG
«Ich dank dir, süßer Mond, für deine Sonnenstrahlen,
Die also hell und schön den Erdenball bemalen.»[64]

Diese vier Stücke weisen uns neben vielen anderen darauf hin, daß die Komödien Shakespeares potentiell die philosophischen Probleme in sich enthalten, die dann von Dramen und Tragödien wieder aufgenommen werden. Schon in seinen ersten Versuchen scheint den Dichter eine Überlieferung zu leiten, die bis zu den letzten Werken für die Auswahl und Behandlung seiner Themen bestimmend bleibt. Auf die Spekulationen über das Schicksal der Seele folgen Spekulationen über das Schicksal der Dynastien; der Ablauf, der die Mondphasen regelt, beherrscht auch die Phasen der Geschichte. Wie durch seine Komödien will Shakespeare durch seine Deutung der Vergan-

genheit zu einer Askese anleiten, die durch Konflikte und Finsternis zur Einheit, zum Lichte führt.
Ein jedes der historischen Dramen beginnt inmitten einer verderbten Welt – dem Sinnbild für die sündige Natur des Menschen wie auch für die – von den Okkultisten behandelte – Unvollkommenheit der Materie. Die ganze Handlung zielt auf den Übergang von dieser Ebene der Verdammnis auf die Ebene des Heils ab, was im allgemeinen mit einem Triumphe der Gerechtigkeit verbunden ist. Solch einen Wandel bewirkt die Zeit, der stets eine tiefgründige Zweideutigkeit eignet. Denn sie ist einerseits *«mißgestalt, der argen Nacht Genossin»* und *«mordet all', was ist»*; ihr Ruhm bleibt es indessen, *«der Fürsten Streit zu schlichten»*, auch reißt sie *«dem Trug die Maske ab und bringt ans Licht die Wahrheit»* [65]. Aus diesen ihren entgegengesetzten Funktionen ergibt sich in sozialer Hinsicht der Konflikt zwischen der Macht und ihren Prätendenten. Von König Johann bis zu Richard III. erscheinen fast alle Monarchen als Verbrecher oder als Schwächlinge, so daß ihre Umgebung bald auf den Gedanken verfällt, ihren Sturz herbeizuführen. Allmählich bildet sich eine Partei der Rebellen aus beraubten Edelleuten, berühmten Soldaten, ehrgeizigen Brüdern; deren Glück stützt das Recht und nährt die Macht. So verfällt das Reich; Zwietracht, Verrat, Aufstände, Morde mehren sich bis zu der entscheidenden Auseinandersetzung, von der Unglück oder Wiedererhebung der Nation abhängen:

«Ende gut, alles gut: das Ziel ist Krönung» [66].

Bei der Krönung des Siegers scheint auf einmal ein ganzes Volk von den Toten aufzuerstehen, und der Glanz eines liebevoll in allen Einzelheiten geschilderten und erläuterten Zeremoniells bezeugt zur Genüge die transzendente Bedeutung der Begebenheit, an der die ganze Natur teilnimmt:

«Um ihn zu feiern, wird die hehre Sonne
Verweilen und den Alchimisten spielen,
Verwandelnd mit des edlen Auges Glanz
Die magre Erdenscholl' in blinkend Gold.» [67]

Die Handlung der einzelnen Dramen weist so sehr gleiche Grundzüge auf, daß sie insgesamt eine gewaltige Epopöe bilden. Der ganze Zyklus dieser Historien, den *König Johann* nicht ausgenommen, in dem die gleichen Ideen geäußert werden, ist eigentlich nur die Geschichte eines Verbrechens, seiner Folgen und seiner Sühne. Dieses Verbrechen ist die Absetzung und Ermordung Richards II. In den Anschauungen der Elisabethaner kommt ja dem König die gleiche Rolle zu wie der Sonne in der Schöpfung. Wenn man seine Vorrechte antastet, so läuft das auf einen Umsturz der kosmischen Gesetze hinaus; hieraus müssen sich Katastrophen ergeben, die manche Seher vorauszuahnen vermögen:

«Der Herr von Hereford, den ihr König nennt,
Verrät des stolzen Herefords König schändlich,
Und krönt ihr ihn, so laßt mich prophezein:
Das Blut der Bürger wird den Boden düngen,
Und ferne Zukunft stöhnen um den Greuel.
Der Friede wird bei Türk' und Heiden schlummern,
Und hier im Sitz des Friedens wilder Krieg
Das Blut mit Blut und Stamm mit Stamm verwirren.
Zerrüttung, Grausen, Furcht und Meuterei
Wird wohnen hier, und heißen wird dies Land
Das Land von Golgatha und Schädelstätte.
O wenn ihr Haus so gegen Haus erhebt,
Dann wird die kläglichste Entzweiung sein,
Die je auf die verfluchte Erde fiel:
Verhütet, hemmt sie, laßt's nicht dahin kommen,
Daß Kind und Kindeskinder euch verwünschen!» [68]

Als Bolingbroke den Thron usurpierte, ersetzte er das göttliche Recht durch Willkür und Gewalt. Seine Untat bringt mehr Unglück über England, als es aus Richards Mißbräuchen erwachsen wäre. Je mehr die Entzweiung fortschreitet, von der *Die Komödie der Irrungen* schon ein Beispiel gab, zerfällt das Land in sich streitende Parteien, bis es unter Heinrich VI. im Chaos und unter Richard III. in der Tyrannei versinkt. Von Drama zu Drama erleben wir auf diese Weise die Auflösung der Formen und Prinzipien des Staates. Gerechtigkeit, Autorität, Rangordnung, Loyalität — alles ist bedroht, so lange nicht die glorreiche Stunde der Erlösung geschlagen hat. Aber:

«Die Zeit im letzten Augenblick gestaltet
Den Wettstreit oft nach ihrer Eile Maß . . .»[69]

Und dieser Abschluß bringt die Wiederherstellung der legitimen Monarchie, durch die das Königreich seine Harmonie zurückerlangt. Da die Thronbesteigung der Tudors Weiße und Rote Rose miteinander aussöhnte, mußte dieses Ereignis als der Stein der Weisen der geschichtlichen Entwicklung, als die Bürgschaft der durch geduldiges Bemühen wiedererlangten Einheit erscheinen:

«England war lang im Wahnsinn, schlug sich selbst:
Der Bruder blind vergoß des Bruders Blut;
Der Vater würgte rasch den eignen Sohn;
Der Sohn, gezwungen, war des Vaters Schlächter.
All dies entzweiten York und Lancaster,
Sie selbst entzweit in schrecklicher Entzweiung. —

Nun mögen Richmond und Elisabeth,
Die echten Erben jedes Königshauses
Durch Gottes schöne Fügung sich vereinen!

Sah Shakespeare so aus? Das sog. Chandos-Porträt (um 1610) in der National Portrait Gallery in London ist sehr umstritten.

Mög' ihr Geschlecht (so es dein Wille, Gott!)
Die künft'ge Zeit mit mildem Frieden segnen,
Mit lachendem Gedeihn und heitren Tagen.» [70]

Dieses Wechselspiel von Sündenfall und Erlösung tritt in den Tragödien so klar hervor, daß es zum eigentlichen Gegenstand der Handlung wird. Von *Romeo und Julia* bis zu *Coriolan* ringt eine ganze Menschheit mit einer Verdammung, die endlich ihr wahres Gesicht enthüllt. Manche strecken von vornherein die Waffen und geben sich ihr hin: Claudius, Macbeth, Edmund, Glosters Bastard ... Keiner von ihnen ahnt, was hinter seinem Verbrechen liegt; vielmehr hat es den Anschein, als ermäße jeder von vornherein die Nichtigkeit seiner Tat und schlüge nur zu, um das rituelle Gesetz des Opfers zu erfüllen. Es gibt andere: Brutus, Hamlet, Othello, Lear, Antonius, die erst nach einem erschöpfenden Kampfe nachgeben, als lechzte die Welt nach ihrem Blut und nötigte sie langsam, der schlimmsten Leidenschaft zu frönen. Als Mörder oder Opfer werden sie dem Geheimnis einer Erlösung dargebracht, das ihre Begriffe übersteigt. Im Augenblick des Todes scheint die Zukunft sie schon — so wie Hero durch den Mönch geleitet wird — dem Orte ihrer Verklärung entgegenzuführen:

«Sterbt, Fräulein, um zu leben!» [71]

So ist der Übergang vom Komischen zum Tragischen für Shakespeare nichts anderes als der Übergang vom Potentiellen zur Tat, vom Unausgesprochenen zum Ausdrücklichen. Alles, was die Komödien an Dunklem, Nichtformuliertem enthalten, leuchtet nun mitten im Wirklichen auf. Es gibt keinen Schleier mehr; in der Nacktheit des Symbols muß sich der Mensch ermessen und bestimmen. Jedes Wort erhält sogleich seinen Leib; jeder Gedanke setzt sich in Halluzinationen fort. Das Unsichtbare verlangt danach, zu erscheinen, und um die Sterblichen zu mahnen, entsendet es seine Geister, seine Hexen. Selbst die verborgensten Vorhaben, die geheimsten Treulosigkeiten entgehen nicht dem Verhängnis des Lichts:

«Was Lug verbirgt, das wird die Zeit enthüllen,
Wer seine Schuld verhehlt, wird Schand' erleiden.» [72]

Paradoxerweise erweisen sich daher die Tragödien als weit weniger esoterisch als die Komödien, da ja ihre grundlegende Struktur ständig mit der Anordnung der Umstände übereinstimmt. Hieraus erwächst ihr entscheidendes Problem: der Konflikt zwischen Schicksal und Wille. Wenn Valentin, wenn Bassanio unbewußt durch geheime Einflüsse geleitet zu sein schienen, so wird nunmehr jeder Einfluß zum Determinismus. Keine Illusion verleiht mehr den Taten der Helden Anmut oder Entschuldigung. Ihre Freiheit bestand, wie Spinoza feststellen wird, lediglich aus der Unkenntnis der Ursachen, die sie zum Handeln bestimmten. Doch nunmehr, da diese Ursachen in ihr Bewußtsein treten, überkommt sie eine erbarmungslose Hellsichtigkeit, treibt sie zur Verzweiflung, zum Wahnsinn. Das Leben erscheint nur noch als eine ‹Posse, an der alle mitwirken› und die Welt als eine gewaltige Bühne, in der das Spiel seinen Fortgang nehmen muß, bis es im Nichts endet:

> *«Ich seh, das Spiel ist so,*
> *Daß ich 'ne Rolle nehmen muß.»*
> *«Da hilft nichts.»*
> *«Geh, spiel, Kind, deine Mutter spielt, auch ich;*
> *Doch meine Roll' ist schmachvoll, und der Schluß*
> *wird in mein Grab mich zischen: Hohngeschrei*
> *Mir Sterbeglocke sein. . .»*[73]

So sind denn die Themen dieser Tragödien größtenteils nur eine ungeheuerliche Verzerrung der früheren Leitmotive. Die Schwermut Antonios, des ‹Kaufmanns von Venedig›, verdüstert sich zur Melancholie Jacques' in *Wie es euch gefällt*, um in *Hamlet* pathologische Ausmaße zu erreichen. Die Lichtungen, auf denen sich die Liebenden des *Sommernachtstraums* umhertrieben, bedecken sich mit Dickicht und werden zu jenem Walde, in dem Timon von Athen Räuber und Dirnen schmäht. Die heitere Verwirrung, die in Ephesus herrschte, verwandelt sich in die Fäulnis Dänemarks. Das Schloß, in dem Porzia so fürstlich ihre Gäste bewirtete, entartet zur Höhle, in der Lady Macbeth die Ermordung König Duncans durchführt. Die Eifersucht Proteus' auf Valentin wird zum abscheulichen Haß Edmunds gegen Edgar, Jagos gegen Othello; ebenso entwickelt sich die Rebellion Jessicas gegen Shylock zur schäbigen Undankbarkeit der Töchter Lears. Sogar die Vorzüge dieser Menschen kommen ihren Lastern zugute. Der Mut Macbeths verkehrt sich in seine Verbrechen wie die Liebe des Antonius in Geilheit und das Ehrgefühl Coriolans in Hochmut. Von den Seelen greift die Verderbtheit auf die Elemente über, so daß alles hier am Verfall teilhat und einer gewaltigen Apokalypse entgegeneilt. Doch eben in seinem Übermaß wird das Böse durch Vergebung abgelöst. Der Sieg eines Fortinbras, die Krönung eines Malcolm künden schon das Zeitalter der Unschuld an. Eine ganze, in Schrecken und Leiden erzeugte Welt erlangt schließlich durch die Verzeihung und die Heiterkeit, wie sie sich im *Sturm* finden, ihre Wahrheit.

Ist es Zufall, wenn die Märchenspiele, die sich an diese düsteren Tragödien anschließen, von den Jugendwerken das Symbol der Auferstehung übernehmen? Schon in *Romeo und Julia* hatte sich eine Liebende in ein Grab hineingewagt, um dort die Stunde des süßen Wiedersehens zu erwarten. Schon in *Viel Lärm um nichts* hatte Hero ihren Tod vorgetäuscht, um sich, gereinigt von Schmach, eines Tages mit einem Hochzeitsgewand schmücken zu können. In *Ende gut, alles gut* war Helena aus diesem Lande der Trennung zurückgekehrt, um Bertram zu beschämen. In *Maß für Maß* war Claudio wieder vor Isabella erschienen, nachdem man seinen abgehauenen Kopf schon in der Stadt zur Schau gestellt hatte. Und nunmehr bezeugt auch Perikles, der Tod könne mehrere Stunden die Natur überwältigen, bis das Lebensfeuer *«wieder aufweckt die gelähmten Geister»*.

Nun tritt Imogen in *Cymbeline* aus dem Grabe, in dem ihre Brüder sie niedergelegt hatten, gerade in dem Augenblick, als Posthumus sie sehnlichst erwartet. Und im *Wintermärchen* erfahren wir durch die Magie der Musik, wie Hermione ‹vom Tode erlöst wird›:

> *«O Glück des Unglücks! Wahr hab ich's erschaut,*
> *Daß Gut aus Schlimm stets besser geht hervor.»* 74

Gewiß mußte der Schmerz eines Hamlet, eines Lear erst den ganzen irdischen Schmerz ausschöpfen, damit das Leben von neuem das Wort ‹Barmherzigkeit› aussprechen konnte. Dieser Auferstehung, dem ganzen Mysterium der Liebe, wird im *Sturm* der letzte Sinn verliehen. Nach Schiffbruch, Angst, Irrgängen erfahren die Schuldigen, daß ihnen ihre Sünden vergeben sind. Am Meer finden sie die Erinnerung an das Ewige wieder; in Miranda erblicken sie die Reinheit, in Ariel den Glanz des Engels, der letztlich über das Tier triumphiert. Als sich der dramatische Knoten entwirrt, haben alle Gewissensqualen ihren Ausdruck gefunden, ist die Vernunft wieder in ihre Rechte eingesetzt; nunmehr verzeiht Prospero und verkündet die Heraufkunft der neuen Zeiten. Derart endet Shakespeares grandioses Drama in einer Apotheose: Auf einer einsamen Insel grüßen die Lebenden den Anbruch eines goldenen Zeitalters.

Der Dramatiker ist häufig ein Feind der privaten Sphäre. Memoiren und intime Tagebücher regen den Schriftsteller zur Selbstbetrachtung an, während das Theater ihn vor allem dazu nötigt, über sich hinauszuwachsen, sich zu vergessen, zu werden. Nichts ist so ungeeignet für Vertraulichkeiten als diese Kunst, in der niemand sich erkennt, sich allenfalls in hundert Gesichtern verliert. Shakespeare sagt uns nichts über sich selber, aber er sagt uns alles über den Menschen; es heißt ihm daher die Treue halten, wenn man sich weniger mit seiner Person als mit seinem Denken befaßt. Die Liebe, die Natur, die Geschichte, das Böse, der Tod, die Dichtung eröffnen uns immer wieder neue Ausblicke auf sein Werk. Wie schon die bisherigen Zitate, beruhen die nun folgenden Auszüge in erster Linie auf der klassischen Übertragung von Schlegel und Tieck, die hie und da etwas modernisiert wurde. Bei *Perikles* und den *Sonetten* folgten wir der Übertragung von Levin Schücking.

Die Ziffern am Schluß der zitierten Shakespeare-Texte beziehen sich auf den Quellennachweis auf Seite 160

DIE LIEBE

Denn Orpheus' Laute klang von Dichtersehnen,
Dem goldnen Ton erweicht' sich Stein und Erz,
Zahm ward der Leu, der Riese Leviathan
Entstieg der Flut, um auf dem Strand zu tanzen.
Habt ihr ein rührend Klagelied gesungen,
So bringt in stillen Nächten vor ihr Fenster
Harmon'schen Gruß, weint zu den Instrumenten
Ein weiches Lied; das Schweigen toter Nacht
Wird gut zum Laut der süßen Wehmut stimmen.
(Die beiden Veroneser III, 2, 78–86.)

Denn lieben heißt vor allem leiden: Shakespeare mußte früh diese Erfahrung machen.

. . . . lieben,
Wo Hohn mit Gram erkauft wird, Sprödesehn
Mit Herzensseufzern, ein Moment der Lust
Mit zwanzig wachen, müden, langen Nächten,
Gewonnen, ist's vielleicht ein schlimmes Gut;
Verloren, ist der Lohn der Müh zerronnen.
Und immer ist's durch Witz errungne Torheit,
Wo nicht, ist's Witz, durch Torheit überwältigt.
(Die beiden Veroneser I, 1, 29–35.)

So ist der Argwohn begreiflich, den starke Charaktere der Liebe entgegenbringen:

Ich wundere mich doch außerordentlich, wie ein Mann, der sieht, wie ein anderer zum Narren wird, wenn er sich der Liebe widmet, solche läppischen Torheiten zunächst verspottet, sich dann aber zum Gegenstand seiner eigenen Verachtung macht und sich selber verliebt; solch ein Mann ist Claudio. Ich erinnere mich noch, wie ihm keine Musik recht war als Trommel und Querpfeife, und nun hört er lieber Tamburin und Flöte. Ich weiß noch, wie er fünf Stunden zu Fuß gelaufen wäre, um eine gute Rüstung zu sehn, und jetzt könnte er fünf Nächte ohne Schlaf zubringen, um den Schnitt eines neuen Wamses zu ersinnen. Sonst sprach er schlicht vom Munde weg wie ein ehrlicher Junge und ein guter Soldat; nun ist er ein Phrasendrescher geworden, seine Rede ist wie ein phantastisch aufgemachtes Bankett, mit ebenso vielen kuriosen Gängen. – Sollte ich jemals so verwandelt werden können, so lange ich noch aus diesen Augen sehe?
(Viel Lärm um nichts II, 3, 7–24.)

Da ist es schon besser, der «durchtriebenen Zunft der Weiber» mit Spott zu begegnen:

Wollte Gott nur alle Jahre so viel tun, so hätte ich über die Weiberzehnten nicht zu klagen, wenn ich der Pfarrer wäre. Eine unter zehnen? Das will ich meinen! Wenn nur jeder Komet eine gute Frau brächte — nur eine — oder jedes Erdbeben, so stände es schon ein gut Teil besser um die Lotterie; jetzt kann sich einer das Herz aus dem Leibe reißen, ehe er eine trifft.

(Ende gut, alles gut I, 3, 88—93.)

Leider fallen solche Spottreden gegenüber dem Unerwarteten nur wenig ins Gewicht. Ebenso schnell wie das Unglück über den Menschen hereinbricht, kann er sich auch lächerlich machen oder einer Leidenschaft verfallen:

TRANIO: *Ich bitt' euch, sagt mir, Herr, ist es denn möglich?*
Kann so geschwind die Lieb' in Banden schlagen?
LUCENTIO: *O Tranio, bis ich's an mir selbst erfahren,*
Hielt ich es nie für möglich noch zu glauben:
Doch sieh: weil ich hier müßig stand und schaute,
Fand ich der Liebe Kraft im Müßiggang.
Und nun gesteh' ich's ehrlich offen dir,
Der du verschwiegen mir und teuer bist,
Wie Anna war der Königin Karthagos —,
Tranio, ich schmachte, brenne, sterbe, Tranio,
Wird nicht das sanfte Kind mir anvermählt.
(Der Widerspenstigen Zähmung I, 1, 151—160.)

Liebe ist somit ein Blitz aus heiterem Himmel, der jähe Einbruch des Wunderbaren:

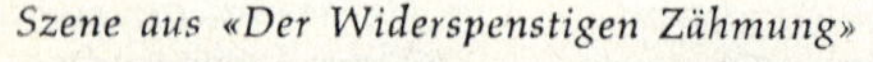
Szene aus «Der Widerspenstigen Zähmung»

ROMEO: *Wer ist das Fräulein, welche dort den Ritter*
Mit ihrer Hand beehrt?
DER BEDIENTE: *Ich weiß nicht, Herr.*
ROMEO: *O, sie nur lehrt die Kerzen, hell zu glühn!*
Wie in dem Ohr des Mohren ein Rubin,
So hängt der Holden Schönheit an den Wangen
Der Nacht; zu hoch, zu himmlisch dem Verlangen.
Sie stellt sich unter den Gespielen dar,
Als weiße Taube in der Krähenschar.
Schließt sich der Tanz, so nah ich ihr: ein Drücken
Der zarten Hand soll meine Hand beglücken.
Liebt' ich wohl je? Nein, schwör' es ab, Gesicht!
Du sahst bis jetzt noch wahre Schönheit nicht.
(Romeo und Julia I, 5, 43—55.)

Doch kaum ist der Liebende angesteckt, spürt er auch schon die Symptome seiner Krankheit — die Besessenheit.

Bet' ich und denk' ich, geht Gedank' und Beten
Verschiednen Weg. Gott hat mein hohles Wort,
Indes mein Sinnen, nicht die Zunge hörend,
In Isabella wurzelt. Gott im Munde —
Als prägten die Lippen seinen Namen nur,
Wohnt mir im Herzen giftig schwellende Sünde
Des bösen Trachtens.
(Maß für Maß II, 4, 1—7.)

Das absonderliche Wesen:

CLAUDIO: *Wenn er nicht in irgendein Frauenzimmer verliebt ist, so traut keinem Wahrzeichen mehr. Er bürstet alle Morgen seinen Hut; was kann das sonst bedeuten?*
DON PEDRO: *Hat ihn jemand beim Barbier gesehen?*
CLAUDIO: *Nein, wohl aber den Gehilfen des Barbiers bei ihm, und die frühere Zier seiner Wangen wurde bereits zum Stopfen von Federbällen verwandt.*
LEONATO: *In der Tat, er sieht um einen Bart jünger aus.*
DON PEDRO: *Und was mehr ist, er reibt sich mit Bisam ein; merkt ihr nun, wo's ihm fehlt?*
CLAUDIO: *Das heißt mit anderen Worten: der holde Knabe liebt.*
(Viel Lärm um nichts III, 2, 40—57.)

Und so heißt es denn:

Fahr hin, Tapferkeit! — Roste, meine Klinge! — Schweige, Trommel! Denn euer Gebieter ist verliebt; ja, er liebt! Irgendein improvisierender Gott des Reims steh mir bei; denn zweifellos wird aus mir ein Sonettendichter. Erfinde, Witz, schreibe, Feder; denn ich bin aufgelegt für ganze Bände in Folio!
(Verlorene Liebesmüh I, 2, 188—192.)

Doch wie läßt sich ein schönes Mädchen gewinnen? Shakespeare lehrt es uns und entwirft in seinen Gedichten und Komödien eine regelrechte Ars amandi:

O lerne lieben, einfach ist die Lehr'
Wer sie gehört, vergißt sie niemals mehr.
(Venus und Adonis, 407–408.)

Ist der Liebende König? Dann braucht er nur eine deutliche Sprache zu führen:

Bei Gott, Kätchen, ich kann nicht bleich aussehen oder beredsame Seufzer ausstoßen, auch habe ich kein Geschick in Beteuerungen... Willst du so einen, so nimm mich; nimm mich, nimm einen Soldaten; nimm einen Soldaten, nimm einen König. Und was sagst du denn zu meiner Liebe? Sprich, meine Holde, und hold, ich bitte dich!
(Heinrich V. V, 2, 137–177.)

Ist er ein Krieger? So braucht er nur von seinen Feldzügen zu erzählen:

Ihr Vater liebte mich, lud oft mich ein,
Erforschte meines Lebens Lauf von Jahr
Zu Jahr: die Schlachten, Stürme, Schicksalswechsel,
Die ich bestand.
Ich ging sie durch, vom Knabenalter an,
Bis auf den Augenblick, da er gefragt.
. . . . das zu hören,
War Desdemona eifrig stets geneigt.
Oft aber rief ein Hausgeschäft sie ab;
Und immer, wenn sie eilig dies vollbracht,
Gleich kam sie wieder, und mit durst'gem Ohr
Verschlang sie meine Rede...
Sie liebte mich, weil ich Gefahr bestand;
Ich liebte sie um ihres Mitleids willen:
Das ist der ganze Zauber, den ich brauchte.
(Othello I, 3, 128–168.)

Ist er schon in den Jahren? Dann muß er sich freigebig zeigen:

Gewinnt sie durch Geschenk, schätzt sie nicht Worte;
Juwelen sprechen oft mit stummer Kunst,
Gewinnen mehr als Wort des Weibes Gunst.
(Die beiden Veroneser III, 1, 89–91.)

Bleiben jedoch die Türen verschlossen, gilt es des Nachts eine Mauer zu überklettern und der Finsternis zu vertrauen:

JULIA: *Wie kamst du her? o sag mir, und warum?*
Die Gartenmauer ist hoch, schwer zu erklimmen;

Hier lauert Tod, bedenke, wer du bist,
Wenn einer meiner Vettern dich hier findet.
ROMEO: *Der Liebe leichte Schwingen trugen mich;*
Kein steinern Bollwerk kann der Liebe wehren;
Und Liebe wagt, was irgend Liebe kann:
Drum hielten deine Vettern mich nicht auf.
JULIA: *Wenn sie dich sehn, sie werden dich ermorden . . .*
ROMEO: *Vor ihnen hüllt mich Nacht in ihren Mantel.*

(Romeo und Julia II, 2, 62–75.)

Gepaart mit Kühnheit, bleiben feurige Phantasie und Schlagfertigkeit das bewährte Rüstzeug des Verführers:

Lobt, schmeichelt, preist, vergöttert ihre Gaben;
Auch schwarz, laßt sie ein Engelsantlitz haben.
Der Mann, der nur 'ne Zung' hat, ist kein Mann,
Falls nicht sein Wort ein Weib gewinnen kann.

(Die beiden Veroneser III, 1, 102–105.)

Notfalls muß Musik nachhelfen:

LOVELL: . . .*Die schlauen Schürzenjäger*
Verstanden meisterlich die Frau'n zu fangen;
'ne Fiedel, ein französisch Lied tat Wunder.
SANDYS: *Fiedle ihnen der Teufel!*

(Heinrich VIII. I, 3, 39–42.)

Und schließlich der Tanz:

Weshalb verbergen sich diese Künste? Weshalb verhüllt ein Vorhang diese Gaben? Bist du bange, sie möchten staubig werden? Warum gehst du nicht in einer Gaillarde *zur Kirche und kommst in einer* Courante *nach Hause? Mein beständiger Gang sollte ein* Pas à rigaudon *sein; ich wollte mein Wasser nicht abschlagen, ohne einen* Entrechat *zu machen. Was stellst du dir vor? Ist diese Welt dazu angetan, Talente unter den Scheffel zu stellen? Ich dachte wohl, nach dem vortrefflichen Bau deines Beines, es müßte unter dem Stern der* Gaillarde *gebildet sein.*

(Was ihr wollt I, 3, 127–142.)

Das also sind die vertrauten Schliche, meine Damen, durch die,

sobald erst eure Tugend darniederliegt, der Mann um so schneller in die Luft springen wird. Doch, meiner Treu, wenn ihr ihn dann durch die derart geöffnete Bresche wieder herunterholt, verliert ihr eure Festung. Läßt sich denn ein vernünftiger Grund im Naturrecht nachweisen, das Jungfrauentum zu bewahren? Sein Verlust bedeutet vielmehr verständige Zunahme.

(Ende gut, alles gut I, 1, 134–138.)

Denn es ist die Bestimmung der Lebenden, zu wachsen und sich zu mehren:

Ein Siegel schuf Natur in dir und wollte,
Daß es ihr mehr der Siegel prägen sollte.

(*11. Sonett.*)

Mit solchen starken Worten überläßt Shakespeare die Ehegatten ihrem geschichtslosen Glück. Doch wie selten nehmen die Dinge solch einen harmonischen Verlauf:

Weh mir! Nach allem, was ich jemals las,
Und jemals hört' in Sagen und Geschichten,
Rann nie der Strom der treuen Liebe sanft;
Denn bald war sie verschieden von Geburt . . .

(*Ein Sommernachtstraum I, 1, 132–135.*)

bald stand ein jähzorniger Vater im Wege:

. . . Hör, Fräulein Zierlich du,
Nichts da gedankt von Dank, stolziert von Stolz!
Rück nur zum Donnerstag dein zart Gestell zurecht,
Mit Graf Paris zur Peterskirch' zu gehn,
Sonst schlepp' ich dich auf einer Schleife hin.
Pfui, du bleichsücht'ges Ding! du lose Dirne!
Du Talggesicht!

(*Romeo und Julia III, 5, 152–158.*)

Und der Abschied der Liebenden kündigt schon den Tod an:

JULIA: *O Gott! Ich hab ein Unglück ahnend Herz.*
Mir deucht, ich säh dich, da du unten bist,
Als lägst du tot in eines Grabes Tiefe.
Mein Auge trügt mich, oder du bist bleich.
ROMEO: *So, Liebe, scheinst du meinen Augen auch.*
Der Schmerz trinkt unser Blut. Leb wohl! leb wohl!

So ist die Leidenschaft von Gefahren umlauert. Doch die Fallen, die ihr die Welt stellt, sind nicht die bedrohlichsten; verbirgt sich doch in ihr selber eine Ungewißheit, die noch weit schmerzlicher ist:

Denn Lieb' ist voller Eigensinn und Unart,
Mutwillig wie ein Kind, abspringend, eitel,
Erzeugt durch's Aug' und deshalb, gleich dem Auge,
Voll flücht'ger Bilder, Formen, Phantasien,
Und wechselt bunt, wie in des Auges Spiegel
Der Dinge Wechsel schnell vorüberrollt.

(*Verlorene Liebesmüh V, 1, 770–775.*)

Selbst die höchste Liebe entgeht nicht diesem geheimen Zweifel, der Furcht vor dem Wankelmut:

ROMEO: *Ich schwöre, Fräulein, bei dem heil'gen Mond,*
Der silbern dieser Bäume Wipfel säumt . . .
JULIA: *O schwöre nicht beim Mond, dem wandelbaren,*
Der immerfort in seiner Scheibe wechselt,
Damit nicht wandelbar dein Lieben sei.
(Romeo und Julia II, 2, 107–111.)

Wankelmut, der Ursprung all' unserer Sünden und unserer Verzweiflung:

. . . Dazu mußt' es kommen!
Zwei Mond' erst tot – Nein, nicht so viel, nicht zwei;
Solch trefflicher Monarch!, der neben diesem
Satyr Apollo glich; so meine Mutter liebend,
Daß er des Himmels Winde, nicht zu rauh
Ihr Antlitz ließ berühren. Himmel und Erde!
Muß ich gedenken? Hing sie doch an ihm,
Als stieg das Wachstum ihrer Lust mit dem,
Was ihre Kost war. Und doch in einem Mond –
Laßt mich's nicht denken! – Schwachheit, dein Nam ist Weib! –
Ein kurzer Mond; bevor die Schuh verbraucht,
Womit sie meines Vaters Leiche folgte,
Wie Niobe, ganz Tränen – sie, ja sie;
O Himmel, würd' ein Tier, das nicht Vernunft hat,
Doch länger trauern. – Meinem Ohm vermählt,
Dem Bruder meines Vaters, doch ihm ähnlich
Wie ich dem Herkules; in einem Mond!
Bevor das Salz höchst frevelhafter Tränen
Der wunden Augen Röte noch verließ,
War sie vermählt! – O schnöde Hast, so rasch
In ein blutschänderisches Bett zu stürzen!
Es ist nicht, und es wird auch nimmer gut.
Doch brich, mein Herz, denn schweigen muß mein Mund.
(Hamlet I, 2. 137–159.)

Unglücklicherweise ist solcher Wankelmut eine Eigenschaft der menschlichen Natur. Wir können nicht dieselben bleiben:

. . . Was jetzt uns erfreut,
Wird, oft genossen, sauer, und schlägt um
Ins Gegenteil.
(Antonius und Kleopatra I, 2, 128–130.)

. . . Fraun sind Engel stets, geworben;
Ahnung ist Lust, doch im Genuß erstorben.
(Troilus und Cressida I, 2, 312–313.)

So kommt es zwischen den Menschen zu tragischen Entzweiungen:

HERMIA: *Je mehr gehaßt, je mehr verfolgt er mich.*
HELENA: *Je mehr geliebt, je ärger haßt er mich.*
(Ein Sommernachtstraum I, 1, 198–199.)

Solchen Entzweiungen hält nur das Mißverhältnis zwischen Wirklichkeit und Ideal die Waage:

Das ist das Ungeheure in der Liebe, meine Teure, – daß der Wille unendlich ist, und die Ausführung beschränkt; daß das Verlangen grenzenlos ist, und die Tat ein Sklave der Beschränkung.
(Troilus und Cressida III, 2, 162–164.)

Wie soll man dann aber solch eine Lüge ernst nehmen?:

Liebe ist nur ein Gelüst des Bluts, eine Nachgiebigkeit des Willens.
(Othello I, 3, 339–340.)

Liebe ist bloßer Irrsinn, und ich sage euch, verdient ebensogut eine dunkle Zelle und Peitsche als andere Irre.
(Wie es euch gefällt III, 2, 420–422.)

Daraus folgt auch, daß der Ehemann in ständiger Gefahr schwebt, zum Hahnrei zu werden, worüber sich Shakespeare, ebenso wie Rabelais, häufig lustig macht:

Auch sonst gab's, irr ich nicht, betrogne Männer;
Und manchen gibt's noch jetzt im Augenblick,
Der, grad' derweil ich sprech', umarmt sein Weib; –
Er ahnt nicht, daß sie ihm ward abgeleitet,
Sein Teich vom nächsten Nachbarn ausgefischt.
(Das Wintermärchen I, 2, 190–195.)

Alle diese Verirrungen, diese Schändlichkeiten erfüllen die Weiberfeinde mit besonderer Bitterkeit:

Sieh dort die holde Dame,
Ihr Antlitz weissagt Schnee in ihrem Schoß;
Sie spreizt sich tugendlich und dreht sich weg,
Hört sie die Lust nur nennen:
Und doch sind Iltis nicht und hitz'ge Stute
So ungestüm in ihrer Brunst.
Vom Gürtel nieder sind's Centauren,
Wenn Weiber auch von oben.
Nur bis zum Gürtel eignen sie den Göttern,
Alles darunter ist des Teufels Reich,
Dort ist die Hölle, dort die Finsternis,
Dort ist der Schwefelpfuhl, Brennen, Sieden, Pestgeruch,

Verwesung – pfui, pfui, pfui! – Pah, pah! –
Gib etwas Bisam, guter Apotheker,
Meine Phantasie zu würzen. Da ist Gold für dich.
(*König Lear IV, 6, 120–133.*)

Kann denn kein Mensch entstehn, wenn nicht das Weib
Zur Hälfte wirkt? Bastarde sind wir alle;
Und jener höchst ehrwürd'ge Mann, den ich stets Vater
Genannt, war, weiß der Himmel, wo, als ich
Geformt ward ...
... O fänd ich doch nur aus
Des Weibes Teil in mir! Denn keine Regung,
Die sich zum Laster neigt im Mann, ich schwör' es,
Die nicht des Weibes Teil: Sei's Lügen, merkt,
Es ist des Weibes; Schmeicheln ihrs; Trug ihrs;
Geiz, Ehrsucht, Hohn, Hoffart im steten Wechsel,
Verleumdung, seltsam Lüsten, Wankelmut,
Was Laster heißt, was nur die Hölle kennt,
Ist ihrs zum Teil, wenn ganz nicht; ja, doch ganz!
(*Cymbeline II, 5, 1–35.*)

Doch bezeichnenderweise sind solche Verwünschungen in der Regel nur die Folge von Mißverständnissen. Sie betreffen nur das unheilvolle Übermaß der Leidenschaften. Die wahre Liebe hingegen verlangt völlige Hingabe, nimmt den Menschen auf immer gefangen:

ROMEO: . . . . *Den Liebesschwur,*
JULIA: *Ich gab ihn dir, eh' du darum gefleht;*
Und doch, ich wollt, ich müßte ihn noch geben.
ROMEO: *Willst du ihn mir entziehn? Wozu das, Liebe?*
JULIA: *Um unverfälscht ihn wieder dir zu geben.*
Ich wünsche nur, was ich bereits besitze.
So grenzenlos ist meine Huld, die Liebe
So tief ja wie das Meer. Je mehr ich gebe,
Je mehr auch hab' ich: beides ist unendlich.
(*Romeo und Julia II, 2, 131–136.*)

Die Liebe, die sich derart auf Hingabe und Treue gründet, bringt, wie ein Zustand der Gnade, die Dichtung hervor:

Bewunderte Miranda! In der Tat
Der Gipfel der Bewundrung; was die Welt
Am höchsten achtet, wert.
(*Der Sturm III, 1, 37–39.*)

Doch es gilt, diese Sprache zu verstehen. Shakespeare feiert hier nicht eine beliebige Heroine, sondern ruft uns zur Anbetung der «himmlischen Geliebten» auf, die schon die Troubadoure verehrten, und seine Worte erhalten dadurch einen zweiten, metaphysischen Sinn:

Du bist es selbst, des Herzens bester Teil,
Aug' meines Aug's, der Seele Seelenheil,
Des Lebens Inhalt, Hoffnung, Glück und Wonne,
Mein irdisch Heil und meines Himmels Sonne!
(Die Komödie der Irrungen III, 2, 61–64.)

Du, meine Seele, rufst mich hier bei Namen.
Wie silbersüß ertönt bei Nacht die Stimme
Der Liebenden, gleich lieblicher Musik
Dem Ohr des Lauschers!
(Romeo und Julia II, 2, 166–168.)

So werden wir durch die Liebe in das «wahre Wissen», die «fröhliche Wissenschaft» eingeweiht:

Könnt ihr stets träumen, grübeln, darauf starren?
Wie hättet ihr, o Herr, und ihr und ihr
Erforscht die Herrlichkeit der Wissenschaft,
Half euch die Schönheit nicht der Fraungesichter?
(Verlorene Liebesmüh IV, 3, 297–301.)

Und schließlich gibt der Dichter sein Geheimnis preis:

Aus Frauenaugen zieh ich diese Lehre;
Sie sind der Grund, das Buch, die hohe Schule,
Aus der Prometheus' echtes Feuer glüht.
. . . .
Denn welcher Autor in der ganzen Welt
Lehrt solches Wissen wie ein Frauenauge?
(Verlorene Liebesmüh IV, 3, 302–305, 313–314.)

Und sein Ratschlag lautet:

Verschwende dich: Die Lampen nachts verschwenden
Ihr ganzes Öl, der Welt ihr Licht zu spenden.
(Venus und Adonis, 755–756.)

DIE NATUR

So hat der hellste Tag manchmal Gewölk,
Dem Sommer folgt der kahle Winter stets
Mit seinem strengen, bitterlichen Frost.
So strömen Freud' und Leid, wie Jahreszeiten.
(Heinrich IV. Zweiter Teil, II, 4, 1–4.)

Das Schicksal der Menschen ist kein isolierter Vorgang; auf geheimnisvolle Weise hat es teil an der Ordnung des Weltalls. Diese Übereinstimmung gibt dem Wahrsager das Recht zu behaupten:

In der Natur unendlichem Geheimnis
Les ich ein wenig.
(Antonius und Kleopatra I, 2, 9—10.)

und läßt den Dieb bekennen:

. . . Wir, die wir Geldbeutel wegnehmen, richten uns nach dem Mond und den sieben Planeten, und nicht nach Phöbus, dem «irrenden Ritter fein» . . . Nun gut denn, Herzensjunge, wenn du König bist, so laß uns, die wir Ritter vom Orden der Nacht sind, nicht Diebe unter den Horden des Tages heißen: laß uns Dianas Förster sein, Kavaliere von Schatten, Schoßkinder des Mondes; und laß die Leute sagen, daß wir Leute von gutem Wandel sind, denn wir wandeln wie die See, mit der Luna, unserer edlen und keuschen Gebieterin, unter deren Begünstigung wir stehlen.
(Heinrich IV. Erster Teil, I, 2, 10—24.)

Wenn wir uns darüber klar werden, daß unser Leben in ständigen Beziehungen zur Schöpfung steht, so haben wir alsbald unsere Einsamkeit überwunden:

. . . . . . Die Sterne über uns,
Die Sterne bilden unsre Sinnesart.
(König Lear IV, 3, 35.)

Sie bestimmen sogar das Geschick der Nationen:

Mars wahrer Lauf ist, gerade wie im Himmel,
Bis diesen Tag auf Erden nicht bekannt:
Jüngst schien er noch der englischen Partei,
Nun sind wir Sieger, und er lächelt uns.
(Heinrich VI. Erster Teil, I, 2, 1—4.)

Das Grundprinzip der Alchimie — «Das Obere entspricht dem Unteren» — wird hier anschaulich illustriert. Mit dem Menschen steht es nicht anders wie mit dem Universum. Beide beseelt das gleiche Gesetz:

Der Himmel selbst, Planeten und der Erdball
Reihn sich nach Abstand, Rang und Würdigkeit,
Beziehung, Jahrszeit, Form, Verhältnis, Raum,
Amt und Gewohnheit in der Ordnung Folge;
Und deshalb thront der hoheitsvolle S o l
Als Hauptplanet, in höchster Herrlichkeit
Vor allen andern; sein heilkräftig Auge

Verbessert den Aspekt bösart'ger Sterne,
Und trifft, wie Königs Machtwort, allbeherrschend
Auf Gut und Böses. Doch wenn die Planeten
In schlimmer Mischung irren ohne Regel,
Welch Schrecknis! Welche Plag' und Meuterei!
Welch Stürmen auf der See! Wie bebt die Erde!
Wie rast der Wind! Furcht, Umsturz, Graun und Zwiespalt
Reißt nieder, wühlt, zerschmettert und entwurzelt
Die Eintracht und vermählte Ruh der Staaten
Ganz aus den Fugen! O, wird Abstufung,
Die Leiter aller hohen Pläne wankend,
So krankt die Ausführung. Wie könnten Gilden,
Würden der Schule, Brüderschaft in Städten,
Friedsamer Handelsbund getrennter Ufer,
Der Vorrang und das Recht der Erstgeburt,
Ehrfurcht vor Alter, Szepter, Kron' und Lorbeer
Ihr ewig Recht ohn' Abstufung behaupten?
Tilg' Abstufung, verstimme d i e s e Saite,
Und höre dann den Mißklang! Alles träf'
Auf offnen Widerstand. Empört dem Ufer
Erschwöllen die Gewässer übers Land,
Daß sich in Schlamm die feste Erde löste;
Macht würde der Tyrann der blöden Schwäche,
Der rohe Sohn schlüg' seinen Vater tot;
K r a f t hieße R e c h t — nein, Recht und Unrecht, deren
Endlosen Streit Gerechtigkeit vermittelt,
Verlören, wie Gerechtigkeit, den Namen.
Dann löst sich alles auf nur in Gewalt,
Gewalt in Willkür, Willkür in Begier;
Und die Begier, ein allgemeiner Wolf,
Zwiefältig stark durch Willkür und Gewalt,
Muß dann die Welt als Beute an sich reißen,
Und sich zuletzt verschlingen.
(Troilus und Cressida I, 3, 85—124.)

Diese kapitalen Sätze schildern das Weltbild der Elisabethaner und zugleich die Wandlungen, die Shakespeares Naturerfahrung erlebte —, von der Ordnung zur Unordnung, von der Heiterkeit zum Chaos. Denn zunächst empfindet der Dichter die Landschaft als Idyll und übt sich in jenen lieblichen Hirtenliedern, die seine Zeitgenossen so schätzten:

Wenn Primeln gelb und Veilchen blau,
Und Maßlieb silberweiß im Grün,
Und Kuckucksblumen rings die Au
Mit bunter Frühlingspracht umblühn,
Des Kuckucks Ruf im Baum erklingt
Und neckt den Ehmann, wenn er singt:
Kuku,

Schauspieler des Red Bull Theatre, 1672

Kuku, Kuku; der Mann ergrimmt,
Wie er das böse Wort vernimmt.
(Verlorene Liebesmüh V, 2, 904–913.)

Auch entwickelt er die naive Moral, die solchen Versen zugrundeliegt:

Nun, Brüder und Genossen der Verbannung,
Macht nicht Gewohnheit süßer dieses Leben
Als das gemalten Pomps? Sind diese Wälder
Nicht sorgenfreier als der falsche Hof?
Wir fühlen hier die Buße Adams nur,
Der Jahreszeiten Wechsel; so den eis'gen Zahn
Und böses Schelten von des Winters Sturm.
Doch wenn er beißt und auf den Leib mir bläst,
Bis ich vor Kälte schaudre, sag' ich lächelnd:
Dies ist nicht Schmeichelei; Ratgeber sind's,
Die fühlbar mir bezeugen, wer ich bin.
Süß ist die Frucht der Widerwärtigkeit,
Die, gleich der Kröte, häßlich und voll Gift,
Ein köstliches Juwel im Haupte trägt.
Dies unser Leben, vom Getümmel frei,
Gibt Bäumen Zungen, findet Schrift im Bach,
In Steinen Lehre, Gutes überall.
(Wie es euch gefällt II, 1, 1–18.)

So steht die Unschuld der Natur im Gegensatz zu der Verderbnis der Städte. Leider vermag sie sich nicht lange in dieser Rolle zu behaupten. Es braucht sich nur ein Wind zu erheben und . . .

Stellt euch dann nur an den beschäumten Strand,
Die zorn'ge Woge sprüht bis an die Wolken;
Die sturmgepeitschte Flut will mächt'gen Schwalls
Den Schaum hinwerfen auf den glüh'nden Bären,
Des ewig festen Poles Wacht zu löschen.
(Othello II, 1, 11–15.)

Sogar die Geographie hat ihre Schrecken, wie die Klippen von Dover bezeugen:

. . . . . . Wie grauenvoll
Und schwindelnd ist's, so tief hinabzuschaun!
Die Krähn und Dohlen, die die Mitt' umflattern,
Sehn kaum wie Käfer aus – halbwegs hinab
Hängt einer, Fenchel sammelnd –, schreckliches Handwerk!
Mich dünkt, er ist nicht größer als sein Kopf.
Die Fischer, die am Strande gehn entlang,
Sind Mäusen gleich; das hohe Schiff am Anker ist
Verjüngt zu seinem Boot; das Boot zum Tönnchen.

Beinah zu klein dem Blick; die dumpfe Brandung,
Die murmelnd auf zahllosen Kieseln tobt,
Schallt nicht bis hier. – Ich will nicht mehr hinabsehn,
Daß nicht mein Hirn sich dreht, mein wirrer Blick
Mich taumelnd stürzt hinab.

(*König Lear IV, 6, 11–24.*)

Und nun beginnt eine andere erschreckende Natur neben jene von Grund auf gute zu treten:

DRITTER FISCHER: *Meister, mich wundert's, wie die Fische im Meer leben können.*
ERSTER FISCHER: *Na, grad so wie die Menschen auf dem Land: Die großen fressen die kleinen.*

(*Perikles II, 1, 29–32.*)

So ist es denn nicht verwunderlich, daß diese böse Natur mit unserem Unglück übereinstimmt, so wie die gute unseren Freuden entsprach:

Jene Verfinsterungen neulich an Sonne und Mond weissagen uns nichts Gutes. Mag die Wissenschaft der Natur sie so oder anders auslegen, die Natur verspürt ihre Geißel an den Wirkungen, die ihnen folgen: Liebe erkaltet, Freundschaft fällt ab, Brüder entzweien sich; in Städten herrscht Meuterei, auf dem Lande Zwietracht, in Palästen Verrat; das Band zwischen Vater und Sohn ist zerrissen.

(*König Lear I, 2, 112–119.*)

Die Natur ist prophetisch: ihr unheimliches Vorherwissen scheint sich auf das uns bevorstehende Unglück zu erstrecken:

Als Rom in seinem höchsten Ruhme stand,
Kurz vor dem Fall des großen Julius, waren
Die Gräber leer, verhüllte Tote schrien
Und wimmerten in allen Gassen Roms;
Man sah Kometenschweife, blut'gen Tau,
Die Sonne fleckig; und der feuchte Stern,
Deß' Einfluß waltet in Neptunus Reich
Litt an Verfinstrung wie am Jüngsten Tag.

(*Hamlet I, 1, 113–120.*)

Fortan ist die Natur dazu ausersehen, Katastrophen den Weg zu bahnen:

's war eine wüste Nacht. Bei unserm Lager
Ward umgeweht der Schlot, auch sagen sie,
Klagen war in der Luft, ein Todesächzen,
Seltsamen Klangs, und ein Prophetenton
Von wildem Brand und gräßlichen Geschichten,
Neu ausgebrütet für die schwere Zeit.

Der Unglücksvogel schrie die ganze Nacht;
Es heißt auch, fiebrig war das Land und bebte.
(*Macbeth II, 3, 59–66.*)

Auch die Helden sind so durchdrungen von diesem Zusammenhang, daß sie im Sturze den Jüngsten Tag herbeirufen:

Mein Weib! Mein Weib! – Welch Weib? Ich hab kein Weib.
O unerträglich! O furchtbare Stunde!
Nun, dächt ich, müßt ein groß Verfinstern sein
An Sonn und Mond, und die erschreckte Erde
Sich auftun vor Entsetzen.
(*Othello V, 2, 97–101.*)

Noch ein Schritt weiter, und die Natur wird auch für die menschlichen Verbrechen verantwortlich gemacht:

Das hat wahrhaftig nur der Mond verschuldet;
Er kommt der Erde näher wie ansonst
Und macht die Menschen rasend.
(*Othello V, 2, 109–111.*)

Und so wird die Natur von einer Botin zur Verbrecherin. Es beginnt nunmehr die schwärzeste Phase des großen Werkes. Das Böse in seiner schlimmsten Gestalt steigt aus der Tiefe und kommt über die Menschen wie die Nacht:

Der bunte, plauderhafte, scheue Tag
Hat sich verkrochen in den Schoß der See;
Lautheulend treiben Wölfe nun die Mähren,
Wovon die schwermutsvolle Nacht geschleppt wird,
Die ihre trägen Flügel, schlaff gedehnt,
Auf Grüfte senken, und aus dunst'gem Schlund
Die Nacht mit ekler Finsternis durchhauchen.
(*Heinrich VI. Zweiter Teil, IV, 1, 1–7.*)

Die satanische Macht der Elemente überwältigt den Menschen; dieser muß vor ihnen die Waffen strecken oder sich ihrer Raserei anschließen:

Blast Winde, sprengt die Backen! Wütet! Blast!
Ihr Katarakte, Wolkenbrüche, speit,
Bis ihr die Türm' ersäuft, die Hähn' ertränkt!
Ihr schwefligen, gedankenschnellen Blitze,
Vortrab dem Donnerkeil, der Eichen spaltet,
Versengt mein weißes Haupt! Du Donner schmetternd,
'Schlag' flach das mächt'ge Rund der Welt; zerbrich
Die Formen der Natur, vernichte jäh
Den Schöpfungskeim des undankbaren Menschen.
(*König Lear III, 2, 1–10.*)

Indem der Mensch derart für das Chaos Partei ergreift, verliert er den letzten Schutz, den ihm seine Vernunft gewährt:

Im Kampf mit dem erzürnten Element,
Heißt er den Sturm die Erde wehn ins Meer,
Oder die krause Flut das Land ertränken,
Daß alles wandle oder untergeh;
Rauft aus sein weißes Haar, das wüt'ge Windsbraut
Mit wildem Grimm erfaßt und macht zu Spott.
Er will in seiner kleinen Menschenwelt
Des Sturms und Regens Wettkampf übertrotzen.
In dieser Nacht, wo bei den Jungen gern
Die ausgesogne Wölfin bleibt, der Löwe
Und hungergrimm'ge Wolf gern trocken halten
Ihr Fell, rennt er mit unbedecktem Haupt
Und gibt, was will, dem Elemente preis.
(König Lear III, 1, 4–14.)

Doch Shakespeare zufolge hat der Wahnsinn häufig eine wohltätige Wirkung. So wie Antäus durch die Berührung mit der Erde neue Kraft gewann, findet der Mensch die erste Unschuld, göttliche Kräfte wieder, wenn er im Kosmos versinkt:

Mir träumt', es lebt' ein Feldherr Marc Anton . . .
Sein Antlitz war der Himmel, darin standen
Sonne und Mond, kreisten und gaben Licht
dem kleinen O der Erde . . .
Sein Fuß schritt übers Meer; sein droh'nder Arm
Stand auf dem Wappen dieser Welt als Helmschmuck;
Sein Wort war Harmonie wie Sphärenklang,
Doch Freunden nur;
Denn galt's den Weltkreis stürmisch zu erschüttern,
War er wie rasselnd Donner. Seine Güte –
Kein Winter jemals; immer blieb sie Herbst
Und wuchs noch mehr im Ernten: Seine Freuden –
Delphinen gleich – stets ragte hoch sein Nacken
Aus ihrer Flut; in seinem Hofstaat schritten
Kronen und Krönchen; Königreiche, Inseln
Fielen ihm wie Dukaten aus der Tasche.
(Antonius und Kleopatra V, 2, 76–92.)

Desgleichen erlangt die Natur nur dann ihre frühere Güte zurück, wenn sie die Übel, die sie hervorgebracht hat, wieder behebt. Sie, die bisher mit Verbrechern im Bunde war, muß nun danach trachten, sie zu verleugnen, zu vernichten:

. . . Blut will zu Blut.
Man hat erfahren, daß sich Steine regten,
Daß Bäume sprachen; und prophetische

Augurn und heimliche Beziehungen
Durch Elstern, Krähn und Raben deckten auf
Den scheuesten Meuchelmörder.

(*Macbeth III, 4, 122–126.*)

O, es ist gräßlich, gräßlich!
Mir schien, die Wellen riefen mir es zu,
Die Winde sangen mir es, und der Donner,
Die tiefe grause Orgelpfeife, sprach
Den Namen Prospero, sie rollte meinen Frevel.

(*Der Sturm III, 3, 95–99.*)

Und so findet die lange Nacht der Tragödie schließlich ihr Ende:

. . . . . . Ich hab' gehört,
Der Hahn, der als Trompete dient dem Morgen,
Erweckt mit schmetternder und heller Kehle
Den Gott des Tages, und auf seine Mahnung,
Im Meer, im Feuer, Erde oder Luft,
Eilt jeder schweifende und irre Geist
In sein Revier zurück.

(*Hamlet I, 1, 149–155.*)

Da nunmehr das Böse überwunden ist, wandeln sich alle Zeichen:

Am Himmel wird kein Dunstgebilde sein,
Kein Spielwerk der Natur, kein trüber Tag,
Kein leichter Windstoß, kein gewohnter Vorfall,
Den sie nicht seinem wahren Grund entreißen
Und Meteor ihn nennen, Himmelszeichen,
Orakel, Mißgeburt und Himmelsstimme,
Die deutlich Rache aus der Höhe künden.

(*König Johann III, 4, 153–159.*)

Und während die Natur ihren großen Frieden zurückgewinnt:

Wenn eure Kunst, mein liebster Vater, so
Die wilden Wasser toben ließ, dann stillt sie.

(*Der Sturm I, 2, 1–2.*)

erlangt auch der Mensch wieder sein Verantwortungsgefühl:

Das ist die ausbündige Narrheit dieser Welt, daß, wenn es uns an Glück fehlt – oft die Folge der Unmäßigkeit unserer eignen Taten – wir die Schuld unseres Ungemachs auf Sonne, Mond und Sterne schieben, als wären wir Schurken durch Notwendigkeit; Narren durch himmlischen Zwang; Schelme, Diebe und Verräter durch die Übermacht der Sphären; Trunkenbolde, Lügner und Ehebrecher durch notgedrungene Abhängigkeit vom planetarischen Einfluß; und alles, worin wir schlecht sind, durch göttlichen Anstoß. Eine herrliche Ausflucht für den Liederlichen, seine hitzige Natur den Sternen zur Last zu legen! – Mein Vater ward mit meiner Mutter einig unterm Drachenschwanz, und meine Nativität fiel unter u r s a m a j o r ; und so folgt denn, ich müsse rauh und verbuhlt sein. Ei was, ich wäre geworden, was ich bin, wenn auch der jungfräulichste Stern am Firmament auf meine Bastardisierung geblinkt hätte.

(König Lear I, 2, 129–145.)

Nun herrscht inneres und äußeres Gleichgewicht. Die Stürme sind besänftigt, und alles zeigt sich wieder in bestem Lichte:

Die Stürme selbst, die Strömung, wilde Wetter,
Gezackte Klippen, aufgehäufter Sand
– Unschuld'gen Kiel zu fährden leicht verhüllt –
Als hätten sie für Schönheit Sinn, vergaßen
Ihr tödlich Amt, und ließen ungekränkt
Desdemona passieren.

(Othello II, 1, 68–73.)

Diese letzte Metamorphose erklärt sich vielleicht aus der Heimkehr Shakespeares in das Land seiner Jugend. Auf seine alten Tage hat der Dichter die Stadt verlassen und findet nun Wälder, Felder und Wiesen wieder: den ganzen Schmuck, den der Sommer anlegt, um den verlorenen Sohn würdig zu empfangen:

Was fehlt euch denn? Die Erde hat ja Wurzeln,
In Meilenumfang springen hundert Quellen,
Der Baum trägt Eicheln, Sträuche rote Beeren;
Natur, die güt'ge Hausfrau, breitet aus
Auf jedem Busch ein volles Mahl. Was mangelt?

(Timon von Athen IV, 3, 420–424.)

Und so kommt es, wie in Beethovens ‹Pastorale›, zu einem schönen Finale, in dem die Arbeiten des Alltags und die Jahreszeiten, der Frieden der Erde und ihre unermeßliche Fruchtbarkeit gepriesen werden:

Ceres, du milde Frau! Dein reiches Feld
Voll Weizen, Roggen, Hafer, Gerste, Spelt;
Die Hügel, wo die Schaf' ihr Futter rauben,
Und Wiesen, wo sie ruhn, bedeckt von Schauben;
Die Bäche mit beblümtem, buntem Bord,
Vom wäss'rigen April verzieret auf dein Wort,
Zu keuscher Nymphe Kränzen; dein Gesträuch,
Wo der verstoßne Jüngling, liebesbleich
Sein Leid klagt; deine pfahlgestützten Reben;
Die Küsten, die sich felsig dürr erheben,
Wo du dich sonnst: des Himmels Königin,
Der Wasserbogen ich und Botin bin,

Heißt dich, sie all' verlassen und geladen
Auf diesem Rasenplatz mit ihrer Gnaden
Ein Fest begehn. – Schon fliegt ihr Pfauenpaar:
Komm, reiche Ceres, stelle dich ihr dar.

(Der Sturm IV, 1, 60–75.)

DIE GESCHICHTE

Diese Wandlungen, die Shakespeare im Menschen und in der Natur entdeckt, ergeben in seinem Werke eine regelrechte Dialektik zwischen Ordnung und Unordnung. Doch gab es einen Bereich der Wirklichkeit, auf den solch eine Philosophie besser zugeschnitten war als die Gesellschaft, als Politik und Geschichte? Hier traf der Dichter auf eine ständige und naturgegebene Tragödie, auf einen lebendigen Stoff, der seinem Streben angemessen war:

O, eine Feuermuse, die hinan
Den hellsten Himmel der Erfindung stiege!
Ein Reich zur Bühne, Prinzen als Akteure,
Monarchen, um der Szene Pomp zu schauen!

(Heinrich V. I, 1, 1–4.)

Doch bevor er sich anschickt, diese Welt darzustellen, trägt er Sorge, jedes Mißverständnis auszuschließen:

Das Wesen der Regierung zu entfalten,
Erschien' in mir als Lust an eitler Rede,
Weil mir bewußt, daß eure eigne Kenntnis
Die Summe allen Rates überschreitet,
Den meine Macht euch böte.

(Maß für Maß I, 1, 3–7.)

Es geht ihm nicht um Theorie. Das Theater will die Geschichte nicht kodifizieren, sondern lebendig machen, und das Unglück will es, daß das erste Urteil, das der Dichter über sie abgeben kann, eine Verdammung ausspricht. Denn für die Geschichte gilt:

Feuer treibt Feuer aus, der Schaft den Schaft,
Recht tritt auf Recht und Kraft erlahmt an Kraft.

(Coriolanus IV, 5, 54–55.)

Der Größe Mißbrauch ist, wenn von der Macht
Sie das Gewissen trennt.

(Julius Cäsar II, 1, 18–19.)

Solche Konflikte, die den Einzelnen in einen Kampf ohne Ende gegen die Anderen, gegen sich selbst verstricken, legen dem Moralisten die Pflicht auf, ihre Nichtigkeit aufzuzeigen:

HAMLET: . . . *Wohin habt ihr, meine guten Freunde, es bei Fortuna versehen, daß sie euch hierher ins Gefängnis schickt?*
GÜLDENSTERN: *Ins Gefängnis, mein Prinz?*
HAMLET: *Dänemark ist ein Gefängnis.*
ROSENKRANZ: *So ist die Welt auch eins.*
HAMLET: *Ein stattliches, worin es viele Verschläge, Löcher und Kerker gibt. Dänemark ist einer der schlimmsten.*
ROSENKRANZ: *Wir denken nicht so davon, mein Prinz.*
HAMLET: *Nun, so ist es keiner für euch, denn an sich ist nichts weder gut noch böse, das Denken erst macht es dazu. Für mich ist es ein Gefängnis.*
ROSENKRANZ: *Nun, so macht es euer Ehrgeiz dazu; es ist zu eng für euren Geist.*
HAMLET: *O Gott, ich könnte in eine Nußschale eingesperrt sein, und mich für einen König von unermeßlichem Gebiete halten, wenn nur meine bösen Träume nicht wären.*
GÜLDENSTERN: *Diese Träume sind in der Tat Ehrgeiz, denn das eigentliche Wesen des Ehrgeizes ist nur der Schatten eines Traumes.*
HAMLET: *Ein Traum ist selbst nur ein Schatten.*
ROSENKRANZ: *Freilich, und mir scheint der Ehrgeiz von so luftiger und loser Beschaffenheit, daß er nur der Schatten eines Schattens ist.*
HAMLET: *So sind also unsere Bettler Körper und unsere Monarchen und gespreizten Helden die Schatten der Bettler.*

(Hamlet II, 2, 245 – 271.)

Die gleiche Mißbilligung trifft alsbald das übliche Ziel dieses Ehrgeizes: den Reichtum.

Dies wenig Gold macht schwarz weiß, häßlich schön,
Schlecht gut, feig tapfer niedrig edel . . .
Ja, dieser rote Sklave löst und bindet
Geweihte Bande; segnet den Verfluchten.
Er macht den Aussatz lieblich, ehrt den Dieb,
Und gibt ihm Rang, gebeugtes Knie und Einfluß
Im Rat der Senatoren! dieser führt
Der überjähr'gen Witwe Freier zu;
Sie, von Spital und Wunden giftig eiternd,
Mit Ekel fortgeschickt, verjüngt balsamisch
Zu Maienjugend dies. Verdammte Erde,
Gemeine Hure du der Menschen, die
Den Zwist ausschleudert in der Völker Schwarm,
Mir sei du, was du bist.

(Timon von Athen IV, 3, 28 – 44.)

Doch der Ehrgeiz im Bereich der Geschichte ist meist anderer Art: Er trachtet nicht so sehr nach Besitz als nach Macht:

Du bist, wenn du's nur wagst, der Erde Zeus,
Und was das Meer umgrenzt, der Himmel einfaßt,

Josef Kainz als Hamlet (Radierung von Schmutzler)

Ist dein, wenn du's nur willst.
(*Antonius und Kleopatra II, 7, 73–75.*)

Und diese Philosophie beherrscht alle Stände, denn während die Hochgestellten ihrem Zynismus freien Lauf lassen:

... Lernt das, Bruder,
Nie darf ein kleiner Mann uns irgend hemmen.
(*Heinrich VIII. II, 3, 135–136.*)

ERSTER EDELMANN: *Es schickt sich nicht für Euer Gnaden, sich mit jedem Gesellen herumzuschlagen, den Ihr beleidigt.*
CLOTEN: *Ja, das weiß ich wohl, aber es schickt sich für mich, die zu beleidigen, die weniger sind als ich.*
(*Cymbeline II, 1, 28–32.*)

gibt auch das Volk zu erkennen, daß es den Sieg mehr achtet als die besten Vorschriften:

EIN BÜRGER VON ANGERS: *Herolde von den Türmen sahn wir wohl,*
Den Angriff und den Rückzug beider Heere
Von Anfang bis zu Ende: ihre Gleichheit
Scheint ohne Tadel unserm schärfsten Blick.
Blut kaufte Blut und Streiche galten Streiche.
Macht gegen Macht und Stärke stand der Stärke.
Sie sind sich gleich, wir beiden gleichgesinnt.
Bis einer überwiegt, bewahren wir
Die Stadt für beide und für keinen doch.
(König Johann II, 1, 325–333.)

So ist es denn begreiflich, daß Königsein eine schwere Bürde bedeutet, und daß sich die Monarchen nach Ruhe sehnen wie nach dem Paradies:

Wie viel der ärmsten Untertanen sind
Um diese Stund' im Schlaf! – O schlaf, o holder Schlaf!
Du Pfleger der Natur, wie schreckt' ich dich,
Daß du nicht mehr zudrücken willst die Augen
Und meine Sinne tauchen in Vergessen.
Was liegst du, lieber Schlaf, in rauch'gen Hütten,
Auf unbequemer Streue hingestreckt,
Von summenden Nachtfliegen eingewiegt,
Statt in der Großen duftenden Palästen,
Unter den Baldachinen reicher Pracht,
Und eingelullt von süßen Melodien?
O blöder Gott, was liegst du bei den Niedern
Auf eklem Bett, und läßt des Königs Lager
Ein Schilderhaus und Sturmesglocke sein?
(Heinrich IV. Zweiter Teil, III, 1, 4–17.)

Der Mann, der so verzweifelt nach Frieden verlangt, hat jedoch an der irdischen Größe teil, so daß er wie Cäsar ausrufen kann:

Der Himmel prangt mit Funken ohne Zahl,
Und Feuer sind sie all' und jeder leuchtet,
Doch einer nur behauptet seinen Stand.
So in der Welt auch: sie ist voll von Menschen,
Und Menschen sind empfindlich, Fleisch und Blut.
Doch in der Menge weiß ich einen nur,
Der unbesiegbar seinen Platz bewahrt,
Vom Andrang unbewegt; und der bin ich.
(Julius Cäsar III, 1, 63–70.)

Was die Königswürde so begehrenswert macht, ist ihre sakrale Funktion:

Ich grüße mit der Hand dich, teure Erde,
Verwunden schon mit ihrer Rosse Hufen
Rebellen dich; wie eine Mutter, lange

Getrennt von ihrem Kinde, trifft sie's wieder,
Mit Tränen und mit Lächeln zärtlich spielt;
So weinend lächelnd, grüß ich dich, mein Land,
Und schmeichle dir mit königlichen Händen.
Nähr' deines Herren Feind nicht, liebe Erde,
Dein Süßes lab ihm nicht den Räubersinn.
Nein, laß sich Spinnen, die dein Gift einsaugen,
Und träge Kröten in den Weg ihm legen,
Zu plagen die verräterischen Füße,
Die dich mit unrechtmäßgen Tritten stampfen.
Beut scharfe Nesseln meinen Feinden dar,
Und, pflücken sie von deinem Busen Blumen,
Laß, bitt' ich, Nattern lauernd sie bewahren,
Die mit der Doppelzunge gift'gem Stich
Den Tod auf deines Herren Feinde schießen. –
Lacht nicht der unempfundenen Beschwörung!
Die Erde fühlt, und diese Steine werden
Bewehrte Krieger, eh' ihr echter König
Des Aufruhrs schnöden Waffen unterliegt.

(Richard II. III, 2, 6–26.)

Jeder Monarch symbolisiert überdies die Herrschaft der Sonne über das Weltall. So klingt das wohlbekannte Thema der kosmischen Bedeutung des Königtums an, das Shakespeare so wirkungsvoll ausführte:

Entmutigender Vetter! Weißt du nicht,
Wenn hinterm Erdball sich das späh'nde Auge
Des Himmels birgt, der untern Welt zu leuchten,
Dann schweifen Dieb' und Räuber, ungesehen,
In Mord und Freveln blutig hier umher:
Doch wenn er, um den ird'schen Ball hervor,
Im Ost der Fichten stolze Wipfel färbt,
Und schießt sein Licht durch jeden schuld'gen Winkel:
Dann stehn Verrat, Mord, Greuel, weil der Mantel
Der Nacht gerissen ist von ihren Schultern,
Bloß da und nackt, und zitternd vor sich selbst.
So wenn der Dieb, der Meutrer Bolingbroke,
Der all die Zeit her nächtlich hat geschwärmt,
Indes wir bei den Antipoden weilten,
Uns auf sieht steigen in des Ostens Thron,
Wird sein Verrat im Antlitz ihm erröten,
Er wird des Tages Anblick nicht ertragen,
Und selbsterschreckt vor seiner Sünde zittern.
Nicht alle Flut im wüsten Meere kann
Den Balsam vom gesalbten König waschen.

(Richard II. III, 2, 36–55.)

Da das Königtum zur göttlichen Ordnung gehört, muß jeder Anschlag, der sich gegen den Herrscher richtet, die schlimmsten Katastrophen hervorrufen. Wie in den Tragödien greift dann die Natur zu den Waffen, um die Schuldigen ihren Frevel büßen zu lassen:

O du, verzeih mir, blutend Stückchen Erde,
Daß ich mit diesen Schlächtern freundlich tat!
Du bist der Rest des edelsten der Männer,
Der jemals lebt' im Wechsellauf der Zeit.
Weh, weh der Hand, die dieses Blut vergoß!
Jetzt prophezei' ich über deinen Wunden,
Die ihre Purpurlippen öffnen, stumm
Von meiner Stimme Zung' und Wort erflehend:
Ein Fluch wird fallen auf der Menschen Glieder
Und innre Wut und wilder Bürgerzwist
Wird ängsten alle Teil' Italiens;
Verheerung, Mord wird so zur Sitte werden,
Und so gemein das Furchtbarste, daß Mütter
Nur lächeln, wenn sie ihre zarten Kinder
Geviertteilt von des Kriegers Händen sehn.
Die Fertigkeit in Greueln würgt das Mitleid;
Und Cäsars Geist, nach Rache jagend, wird,
Zur Seit' ihm Ate, heiß der Höll' entstiegen,
In diesen Grenzen mit des Herrschers Ton
Mord rufen und des Kriegers Hund' entfesseln,
Daß diese Schandtat auf der Erde stinke
Von Menschenaas, das nach Bestattung ächzt.

(Julius Cäsar III, 1, 254—275.)

So kann denn Shakespeare mit Recht behaupten:

. . . Der Majestät Verscheiden
Stirbt nicht allein; es zieht gleich einem Strudel
Das Nahe mit.

(Hamlet III, 3, 15—17.)

Es ist indessen das Verhängnis der Geschichte, daß die Majestät ständig bedroht wird:

O könnten wir doch Cäsars Geist erreichen
Und Cäsar nicht zerstückeln. Aber ach!
Cäsar muß für ihn bluten.

(Julius Cäsar II, 1, 169—170.)

Die schlimmsten Feinde dieser Ordnung sind naturgemäß ihre Opfer, die Unterdrückten:

Das Ungeheuer mit zahllosen Köpfen,
Die stets entzweite, wankelmüt'ge Menge . . .
(*Heinrich IV. Zweiter Teil, Prolog,* 18–19.)

Wir werden für die armen Bürger gehalten, die Patrizier für die guten. Das, wovon der Adel schweigt, würde uns nähren. Gäben sie uns nur das Überflüssige, ehe es verdirbt, so könnten wir glauben, sie nährten uns auf menschliche Weise; aber sie denken, so viel sind wir nicht wert. Der Hunger, der uns ausmergelt, die Verworfenheit unseres Elends ist gleichsam ein Verzeichnis, in welchem sie ihr Wohlleben lesen. Unser Jammer ist ihnen Genuß. Dies wollen wir mit unseren Spießen rächen, eh wir selbst zu Spießgerten werden. Denn das wissen die Götter! Ich rede so aus Hunger nach Brot und nicht aus Durst nach Rache.

(*Coriolanus* I, 1, 15–25.)

Doch da die Rebellion noch mehr Unordnung hervorbringt, ruft sie als Gegengift die Tyrannis herbei. Platon hat schon darauf hingewiesen, und Shakespeare macht sich hier das Argument der ‹Politeia› zu eigen:

LUCIO: *Nun sag doch, Claudio, woher solcher Zwang?*
CLAUDIO: *Von zuviel Freiheit, Lucio, zuviel Freiheit!*
Wie Übermaß gestrenge Fasten zeugt,
So wird die Freiheit, ohne Maß gebraucht,
In Zwang verkehrt; des Menschen Hang verfolgt
(Wie Ratten gierig selbst ihr Gift verschlingen)
Die durst'ge Sünd, und tödlich wird der Trunk.
(*Maß für Maß* I, 2, 128–134.)

Das radikalste Mittel, um in solchem Fall Aufstände zu unterdrükken, besteht darin, daß man die Mißvergnügten an die Front schickt:

BOTE: *Ich meld' euch, Herr, die Volsker sind in Waffen.*
MARCIUS: *Mich freut's! So werden wir am besten los*
Den Überfluß, der schimmlig wird.
(*Coriolanus* I, 1, 228–230.)

Zwei Kausalreihen: die Rivalität der Großen und die Forderungen der Kleinen – oder, modern gesprochen, ‹Wille zur Macht› und ‹Klassenkampf› – konvergieren somit und bringen die Kurzschlüsse der Geschichte, der Kriege, hervor:

Nun ist die Jugend Englands ganz in Glut,
Und seidne Buhlschaft liegt im Kleiderschrank;
Die Waffenschmiede jetzt gedeihn, der Ehre
Gedanke herrscht allein in jeder Brust.
Sie geben um das Pferd die Weide feil,
Dem Beispiel aller Christenkön'ge folgend,

Beschwingten Tritts, wie englische Merkure.
Denn nunmehr liegt Erwartung in der Luft
Und schwingt ihr Schwert, vom Griff bis an die Spitze
Bedeckt mit Kaiser-, Herrn- und Grafenkronen,
Heinrich und seinen Treuen zugesagt.

(*Heinrich V. II, 1, 1—12.*)

Und Shakespeare findet grimmige Worte, um den Krieg zu besingen:

Was hat der Hauptmann dieser Stadt beschlossen?
Wir lassen kein Gespräch nach diesem zu,
Darum ergebt euch unsrer besten Gnade,
Sonst, trachtend nach Vernichtung, ruft uns auf
Zum allerärgsten; denn, so wahr ich ein Soldat
(Ein Nam', der, denk' ich, mir am besten ziemt),
Fang' ich noch einmal die Beschießung an,
So lass' ich nicht das halb zerstörte Harfleur,
Bis es in seiner Asche liegt begraben.
Der Gnade Pforten will ich alle schließen,
Der eingefleischte Krieger rauhen Herzens
Soll schwärmen, sein Gewissen höllenweit,
Die blut'ge Hand enthemmt, und mähn wie Gras
Die holden Jungfraun und die blühnden Kinder.
. . . Darum ihr Leute von Harfleur
Habt Mitleid mit der Stadt und eurem Volk,
Weil noch mein Heer mir zu Gebote steht,
Weil noch der kühle sanfte Wind der Gnade
Das ekle giftige Gewölk verweht
Von grimmem Morde, Raub, Spitzbüberei.
Wo nicht, erwartet augenblicks besudelt
Zu sehn vom blinden blutigen Soldaten
Die Locken eurer gellend schreinden Töchter;
Am Silberbart ergriffen eure Väter,
Ihr würdig Haupt geschmettert an die Wand;
Gespießt auf Piken eure nackten Kinder,
Indes der Mütter rasendes Geheul
Die Wolken teilt, wie einst der jüd'schen Weiber
Bei der Herodesknechte blut'ger Jagd.

(*Heinrich V. III, 3, 1—41.*)

Doch die Kriegsgeißel hat es an sich, daß ihr ihre eigenen Exzesse den Garaus machen:

. . . Schwör' Tod dem Leben;
Leg erzne Rüstung dir auf Ohr und Auge,
So hart, daß Schrei von Mutter, Säugling, Jungfrau,
Des Priesters selbst, in heil'gen Kleidern blutend,
Dir nichts sei . . .

Breit' aus Vernichtung; ist dein Grimm erschöpft,
So sei du selbst vernichtet.

(Timon von Athen IV, 3, 122–128.)

Doch wer das Schwert zieht, wird durch das Schwert umkommen. Ein unabwendbares Verhängnis führt alsbald die Schicksalsschläge herbei, die ihn zugrunde richten:

BOTE: *Mein gnäd'ger Fürst, es sind in Devonshire,*
Wie zuverlässig mir berichtet wird,
Sir Edward Courtney und der stolze Kirchherr,
Bischof von Exeter, sein ältrer Bruder,
Samt vielen Mitverbündeten in Waffen.
ZWEITER BOTE: *Mein Fürst, in Kent die Guilfords sind in Waffen,*
Und jede Stunde strömen den Rebellen
Mitwerber zu, und ihre Macht wird stark.
DRITTER BOTE: *Mein Fürst, das Heer des großen Buckingham ...*
RICHARD: *Fort mit euch, Uhus! Nichts als Todeslieder?*

(Richard III. IV, 498–507.)

Denn in dieser Welt ist alles vom Glück abhängig, das sich Shakespeare, wie die Dichter des Mittelalters, unter dem Sinnbild des Rades vorstellte.

Wir, auf dem Gipfel, stehn schon an der Neige.

(Julius Cäsar IV, 3, 217.)

... Nun, dann ist's aus! –
Ich stand auf meiner Größe höchster Sprosse,
Und von der Mittagslinie meines Ruhms
Eil' ich zum Niedergang. Ich werde fallen
Wie in der Nacht ein heller Meteor
Und niemand mehr mich sehn.

(Heinrich VIII. III, 2, 222–227.)

Ein guter Anlaß, um über die Eitelkeit des Ruhms nachzudenken:

O großer Cäsar, liegst du so im Staube!
Sind alle deine Siege, Herrlichkeiten,
Triumphe, Beuten, eingesunken nun
In diesen kleinen Raum?

(Julius Cäsar III, 1, 148–150.)

Von Gräbern sprecht, von Würmern, Leichensteinen!
Macht zum Papier den Staub, und auf die Erde
Schreibe ein regennasses Auge Jammer.
Vollzieher wählt und sprecht von Testamenten;
Nein, doch nicht: – denn was können wir vermachen,

Hamlet begegnet dem Geist seines Vaters (Radierung von Delacroix)

Als unsern abgelegten Leib dem Boden?
Hat Bolingbroke doch unser Land und Leben,
Und nichts kann unser heißen als der Tod,
Und jenes kleine Maß von dürrer Erde,
Die dem Gebein zu Rind' und Decke dient.
Um Himmels willen, laßt uns niedersitzen

Zu Trauermären von der Kön'ge Tod: —
Wie die gestürzt sind, die im Krieg erschlagen,
Die von entthronten Geistern heimgesucht,
Im Schlaf erwürgt, von ihren Frau'n vergiftet,
Ermordet alle; denn im hohlen Zirkel,
Der eines Königs sterblich Haupt umgibt,
Hält seinen Hof der Tod: da sitzt der Schalksnarr,
Höhnt seinen Staat und grinst zu seinem Pomp;
Läßt ihn ein Weilchen, einen kleinen Auftritt
Den Herrscher spielen, drohn, mit Blicken töten;
Flößt einen eitlen Selbstbetrug ihm ein,
Als wär' dies Fleisch, das unser Leben schirmt,
Unüberwindlich Erz; und so gelaunt,
Kommt er zuletzt, und bohrt mit kleiner Nadel
Den Burgwall an, — und, König, gute Nacht!
(König Richard II. III, 2, 145—170.)

Doch hier stellt sich unausweichlich das folgende Problem:

SALISBURY: *Mein Fürst, mein Herr! — Kaum König noch — nun so!*
PRINZ HEINRICH: *So muß auch meine Bahn sein, so mein Ziel!*
Wo ist denn auf die Welt Verlaß und Glaube,
Wenn, was ein König war, so wird zu Staube?
(König Johann V, 7, 66—69.)

Damit wird der ganze Sinn der Geschichte in Frage gestellt, denn welch eine Bedeutung soll man allem menschlichen Tun beimessen, wenn alles gleichermaßen verdirbt, sich auflöst? Die erste Antwort hierauf gibt der Moralist:

Weil diese streben, um sich selbst zu fördern,
Geziemt es uns zu streben für das Reich.
(Heinrich VI. Zweiter Teil, I, 1, 180—182.)

Die Könige vergehn, die Nation dauert fort:

Er fiel wie reife Früchte; seine Bahn
Ist aus, doch unsre Sendung bleibt bestehn.
(Richard II. II, 1, 153—154.)

Und da die Nation alle Katastrophen übersteht, deutet das darauf hin, daß ihr ein Prinzip innewohnt, dessen Vollendung der Geschichte aufgetragen ist und das sich ebenso in der Gemeinschaft wie im Einzelnen kundtut:

Ein tief Geheimnis wohnt (das die Historie
Noch nie enträtselt) in des Staates Seele,
Mit Wirksamkeit so göttlicher Natur,
Daß Sprache nicht noch Feder sie kann deuten.
(Troilus und Cressida III, 3, 201—204.)

Ein Hergang ist in aller Menschen Leben,
Abbildend der vergangnen Zeiten Art:
Wer das beachtet, kann, das Ziel nah treffend,
Der Dinge Lauf im Ganzen prophezein,
Die ungeboren noch, in ihrem Samen
Und schwachen Anfang eingebettet liegen.
Dergleichen wird der Zeiten Brut und Zucht.
(Heinrich IV. Zweiter Teil, III, 3, 201–204.)

Shakespeare vertraut somit darauf, daß die Zeit über die Verderbnis siegen, das Licht die Nacht überwinden wird:

Denn wenn der Usurpator auch ein Weilchen
Das Zepter führt, der Himmel ist gerecht,
Und von der Zeit wird Unrecht unterdrückt.
(Heinrich VI. Dritter Teil, III, 3, 76–77.)

Heißt das, daß die Menschen die Hände in den Schoß legen sollen? Keineswegs, denn:

Gezeiten gibt's in menschlichen Geschäften:
Nimmt man die Flut wahr, führet sie zum Glück;
Versäumt man sie, so muß die ganze Reise
Des Lebens sich durch Not und Klippen winden.
(Julius Cäsar IV, 3, 218–221.)

Die Menschen müssen daher für die Größe ihres Landes tätig sein und dadurch an ihrer eigenen Größe arbeiten. So ergeht denn die Aufforderung an sie, ihren Eigennutz dem allgemeinen Besten zu opfern:

Blick auf dein fruchtbar Vaterland, dein Frankreich,
Und sieh die Städt' und Wohnungen entstellt
Durch die Verheerung eines wilden Feinds.
So wie die Mutter auf ihr Kindlein blickt,
Wenn Tod die zart gebrochnen Augen schließt,
So schaue auch auf Frankreichs Todesnot;
Die Wunden sieh, die Wunden unnatürlich,
Die seiner bangen Brust du selbst versetzt!
O kehr dein schneidend Schwert wo anders hin,
. . . Triff, wen verletzt, verletz' nicht den, der hilft
. . . .
Drum kehr' zurück mit einer Flut von Tränen
Und wasche deines Landes Flecken weg.
(Heinrich VI. Erster Teil, III, 3, 44–57.)

Shakespeare ist somit weit entfernt vom Chauvinismus, dem viele seiner Zeitgenossen huldigten: Sein Patriotismus erstreckt sich auf alle Nationen; so sehr scheint ihm die Ordnung, von der er träumt, den Weltfrieden zu erfordern:

KÖNIG HEINRICH: *Habt ihr die Briefe durchgesehn vom Papst,*
Vom Kaiser und vom Grafen Armagnac?
GLOSTER: *Ja, gnäd'ger Fürst, und dieses ist ihr Inhalt:*
Sie bitten Eure Herrlichkeit ergebenst,
Daß zwischen England und der Franken Reich
Ein frommer Friede soll geschlossen werden.
KÖNIG HEINRICH: *Und wie bedünkt der Vorschlag Euer Gnaden?*
GLOSTER: *Gut, bester Herr, und als der einz'ge Weg,*
Vergießung unsres Christenbluts zu hemmen,
Und Ruh auf allen Seiten fest zu gründen.
KÖNIG HEINRICH: *Ja freilich, Oheim; denn ich dachte stets,*
Es sei so frevelhaft wie unnatürlich,
Daß solche Gräßlichkeit und blut'ger Zwist
Bei den Bekennern eines Glaubens herrscht.
(Heinrich VI. Erster Teil, V, 1, 1–4).

Und nachdem Shakespeare den Ehrgeiz der Großen, das Elend des Volkes, Rebellion, Krieg und Macht des Vaterlandes besungen hat, feiert er schließlich die Eintracht zwischen den Menschen und schildert uns die Hochzeit zwischen Heinrich V. und Katharina von Valois als Vorbild und Unterpfand dieses Friedens:

Nimm sie, mein Sohn: erweck aus ihrem Blut
Mir ein Geschlecht, auf daß die zwist'gen Staaten,
Frankreich und England, deren Küsten selbst
Vor Neid erblassen bei des andern Glück,
Den Haß beenden und dies teure Bündnis
In die bezähmten Herzen Nachbarschaft
Und christlich Einverständnis pflanzen mag;
Damit der Krieg nie führe blut'ge Streiche
Inmitten England und dem Frankenreiche.
(Heinrich V. V, 2, 376–383.)

DAS BÖSE

Das Unglück, das ohne Unterlaß über die Natur, die Menschen, die Nationen hereinbricht, bestimmt schließlich Shakespeare dazu, die Frage nach dem Bösen zu stellen, womit er sich dem größten Problem seiner Dramatik zuwendet. Das Böse ist so gewaltig, daß einen zunächst Verzweiflung befällt:

Unzucht, Unzucht; nichts als Krieg und Liederlichkeit; die bleiben immer in Mode!
(Troilus und Cressida V, 2, 195–196.)

Das ist das Ergebnis eines langsamen, aber unabwendbaren Verfalls:

Ich seh, ein Kleinod, noch so reich gefaßt,
Erblindet; mag Gold auch widerstehen,
Das man berührt, so wird doch viel Berühren
Den Glanz ihm rauben . . .
(Die Komödie der Irrungen II, 1, 108 – 113.)

Freilich vollzieht sich der Verfall häufig im Verborgenen, so daß sich der Unterschied zwischen äußerem Schein und Wirklichkeit schwer erkennen läßt:

Siehst du, Bassanio,
Der Teufel kann sich auf die Schrift berufen.
Ein arg Gemüt, das heil'ges Zeugnis vorbringt,
Ist wie ein Schelm mit Lächeln auf der Wange,
Ein schöner Apfel, doch im Herzen faul.
O wie der Falschheit Außenseite glänzt!
(Der Kaufmann von Venedig I, 3, 98 – 103.)

In Komödien und Tragödien, in jeder Gestalt, kommt Shakespeare auf dieses Thema zurück. Er hat nicht nur sein Gefallen daran; er ist buchstäblich davon besessen:

So ist oft äußrer Schein sich selber fremd,
Die Welt wird immerdar durch Zier berückt.
Im Recht: Wo ist ein Handel so verderbt,
Der nicht, geschmückt von einer holden Stimme,
Des Bösen Schein verdeckt? Im Gottesdienst:
Wo ist ein Irrwahn, den ein ehrbar Haupt
Nicht heiligte, mit Sprüchen nicht belegte,
Durch Schmuckwort das Gemeine nicht verdeckte?
Kein Laster ist so blöd, das von der Tugend
Nicht äußeres Gebaren übernähme.
Wie manche Feige, die Gefahr bestehn
Wie Spreu im Winde, tragen doch am Kinn
Den Bart des Herkules und bittern Mars,
Fließt gleich in ihren Herzen Blut wie Milch!
Sie leihn sich aus des Mutes Auswurf nur,
Um furchtbar sich zu machen. Blickt auf Schönheit,
Ihr werdet sehn, man kauft sie nach Gewicht,
Das hier ein Wunder der Natur bewirkt,
Und, die es tragen, um so lockrer macht . . .
So ist denn Zier die trügerische Küste
Von einer schlimmen See, der schöne Schleier,
Der eine Mohrin birgt; kurz, Schönheit ist
Die Scheinwahrheit, womit die schlaue Zeit
Selbst Weise fängt. Darum du gleißend Gold,
Des Midas harte Kost, dich will ich nicht!
(Der Kaufmann von Venedig III, 2, 73 – 102.)

M. William Shak-ſpeare

HIS
Hiſtorie, of King Lear.

Enter Kent, Gloſter, and Baſtard.

Kent.
I Thought the King had more affected the Duke of *Al-bany* then *Cornwell.*
Gloſt. It did allwaies ſeeme ſo to vs, but now in the diuiſion of the kingdomes, it appeares not which of the Dukes he values moſt, for equalities are ſo weighed, that curioſitie in neither, can make choiſe of eithers moytie.
Kent. Is not this your ſonne my Lord?
Gloſt. His breeding ſir hath beene at my charge, I haue ſo often bluſht to acknowledge him, that now I am braz'd to it.
Kent. I cannot conceiue you.
Gloſt. Sir, this young fellowes mother Could, whereupon ſhee grew round wombed, and had indeed Sir a ſonne for her cradle, ere ſhe had a huſband for her bed, doe you ſmell a fault?
Kent. I cannot wiſh the fault vndone, the iſſue of it being ſo proper.
Gloſt. But I haue ſir a ſonne by order of Law, ſome yeare elder then this, who yet is no deerer in my account, though this knaue came ſomething ſawcely into the world before hee was ſent for, yet was his mother faire, there was good ſport at his makeing & the whoreſon muſt be acknowledged, do you know this noble gentleman *Edmund?*

B *Baſt*

Titelblatt zum «König Lear»

So ist alles Lüge, alles Gefahr:

Mich wundert, wie der Mensch dem Menschen traut:
Sie sollten nur sich laden ohne Messer,
Gut für ihr Mahl wär's, sichrer für ihr Leben:
Das sieht man oft; der Bursche uns zunächst,
Der mit uns Brot bricht, uns Gesundheit wünscht,
Den Atem mischt in dem kredenzten Trunk,
Der nächste ist's, uns zu ermorden. So

Geschah's schon oft; wär ich ein großer Herr,
Ich wagte bei der Mahlzeit nicht zu trinken,
Sonst könnte man erspähn der Kehle Schwächen,
Den Hals gepanzert, sollten Große zechen.
(Timon von Athen I, 2, 42–52.)

Auf Gnade oder Ungnade sind wir daher dem Unerwarteten ausgeliefert:

Ganz heimlich faßt Gefahr uns wie ein Fieber,
Selbst wenn wir müßig in der Sonne sitzen.
(Troilus und Cressida III, 3, 232–233.)

Dahin gehört auch das wohlbekannte Phänomen der ‹Besessenheit›:

Fünf Teufel sind zugleich in den armen Tom gefahren: Der Geist der Lust, Obidikut; Hoptanz, der Fürst der Stummheit; Mahu, des Stehlens; Modu, des Mords; und Flibbertigibbet, der Grimassenteufel, der seitdem in die Zofen und Stubenmädchen gefahren ist. Gott helfe dir, Herr.
(König Lear IV, 1, 59–64.)

Es kommt zum schrecklichen Martyrium des Geistes:

Bis zum Vollbringen einer furchtbarn Tat,
Vom ersten Antrieb, ist die Zwischenzeit
Wie ein Phantom, ein grauenvoller Traum.
Der Geist und seine sterblichen Organe
Sind dann im Rat vereint; und die Verfassung
Des Menschen, wie ein kleines Königreich,
Erleidet so den Zustand der Empörung.
(Julius Cäsar II, 1, 63–69.)

Die Widerstandskraft wird vor allem dadurch gelähmt, daß das Schicksal einen völlig willkürlichen Verlauf nimmt:

Der steigt durch Schuld, der muß durch Tugend fallen,
Vom Eis, das bricht, kommt der gesund herab,
Den stürzt ein einzger Fehltritt in das Grab.
(Maß für Maß II, 1, 38–40.)

Wer kann sich infolgedessen für nicht betroffen ansehen? Und wie soll man den Heiligen vom Verbrecher unterscheiden?

Du schuft'ger Büttel, weg die blut'ge Hand!
Was geißelst du die Hure? Peitsch dich selbst!
Dich lüstet heiß mit ihr zu tun, wofür
Dein Arm sie stäupt. Der Wuchrer hängt den Gauner;
Zerlumptes Kleid bringt kleinen Fehl ans Licht,

The moſt lamenta-
ble Romaine Tragedie of *Titus*
Andronicus.

As it hath ſundry times beene playde by the
Right Honourable the Earle of Pembrooke, the
Earle of Darbie, the Earle of Suſſex, and the
Lorde Chamberlaine theyr
Seruants.

AT LONDON,
Printed by I. R. for Edward White
and are to bee ſolde at his ſhoppe, at the little
North doore of Paules, at the ſigne of
the Gun. 1600.

Titelblatt zu «Titus Andronicus»

Talar und Pelz birgt alles. Hüll' in Gold die Sünde,
Und harmlos bricht der starke Speer des Rechts; –
In Lumpen: des Pygmäen Halm durchbohrt sie.
Kein Mensch ist sündig; keiner, sag ich, keiner.
(König Lear IV, 6, 164–172.)

Keiner ... Denn in solcher Besessenheit sind die Menschen nur die Werkzeuge des Bösen, das sie übersteigt:

... Was Fliegen sind
Den müß'gen Knaben, das sind wir den Göttern.
(*König Lear IV, 1, 36.*)

Es hat in der Tat den Anschein, daß Shakespeare das Böse für unergründlich und unendlich ansieht, und zwar in solchem Maße, daß die ingrimmigen Reden mancher Wüteriche nahezu komisch anmuten:

LUCIUS: *Und reun dich diese Freveltaten nicht?*
AARON: *Ja, daß ich nicht noch tausend mehr verübt, —*
Noch fluch' ich jedem Tag (und glaube doch,
Nicht viele treffe ich mit diesem Fluch),
Wo ich besondre Bosheit nicht beging,
Jemand erschlug oder es ausgeheckt;
'ne Dirn entehrt, oder den Plan geschmiedet;
Unschuldige verklagt auf falschen Eid;
Todfeindschaft unter Freunden angeschürt;
Den Herden armer Leute brach den Hals;
In Scheun' und Schober Kohlen warf bei Nacht,
Und rief dem Eigner: Löscht den Brand mit Tränen!
. . . .
Ja, tausend Greuel hab' ich ausgeübt,
So leichten Sinns, wie einer Fliegen fängt;
Und nichts, in Wahrheit, geht mir so zu Herzen,
Als daß mir nicht zehntausend noch gelingen.
(*Titus Andronicus V, 1, 123 — 144.*)

Doch das Verbrechen, das wider die Natur ist, überantwortet den Verbrecher seinem eigenen Verhängnis:

Wär' eine Stunde nur ich eh'r gestorben,
So war mein Leben glücklich. — Doch von nun an
Ist nichts bedeutsam in der Sterblichkeit.
Alles ist Tand nur: tot sind Ruhm und Gnade;
Der Wein ist abgezapft, es bleibt die Hefe.
(*Macbeth, II, 3, 96 — 101.*)

Unweigerlich zeitigt das Verbrechen neue Verbrechen:

... Doch wie ich einmal bin,
So tief in Blut, reißt Sünd' zur Sünde hin.
Beträntes Mitleid wohnt mir nicht im Auge.
(*Richard III. IV, 2, 63 — 65.*)

Und die schlimmste Strafe ist die innere Pein: die Gewissensnot, welche die Seele bis zum Wahnsinn heimsucht:

Weg, du verdammter Fleck! Weg, sag ich! — Eins, zwei! — Eins, zwei! Ja wohl, dann ist es Zeit zur Tat. — Die Hölle ist finster . . . Hier riecht es noch immer nach Blut. Alle Wohlgerüche Arabiens machten nicht duftend diese kleine Hand. O, o, o!

(*Macbeth V, 1, 39—58.*)

Ein andres Pferd! Verbindet meine Wunden!
Erbarmen, Jesus — Still, ich träumte nur.
O feig Gewissen, wie du mich bedrängst! —
Das Licht brennt blau, 's ist tote Mitternacht.
Mein schauderndes Gebein deckt kalter Schweiß.
Wen fürcht ich denn? Mich selbst? . . .

(*Richard III. V, 3, 178—183.*)

Und so gilt:

. . . Besser mit
Den Toten, die, zur Ruh uns, wir zur Ruh
Geschickt, als liegen auf der Geistesfolter
In zuckender Pein!

(*Macbeth III, 2, 19—22.*)

Es bliebe noch der Ausweg der Reue, doch:

Beten kann ich nicht,
Ist auch die Neigung dringend wie der Wille:
Die stärk're Schuld besiegt den starken Vorsatz,
Und wie ein Mann, den zwei Geschäfte drängen,
Steh ich in Zweifel, was ich erst soll tun,
Und lasse beides . . .
O jämmerliche Pein! Herz, schwarz wie Tod!
O Seele, die, sich frei zu machen ringend,
Noch mehr verstrickt wird!

(*Hamlet III, 3, 36—68.*)

Das Dilemma des Verdammten besteht eben darin, daß er die Erlösung nicht mehr will:

Ich habe fast verlernt das Furchtbare.
Es war die Zeit, da überlief's mich kalt,
Ein Nachtgeschrei zu hören; und mein Haar
Erhob und rührte, wie lebendig, sich
Bei einem grausen Buch.
Jetzt hab ich mich am Schaudern satt gespeist,
Und Schrecknis, meiner Metzgerlust vertraut,
Läßt mich nicht zucken.

(*Macbeth V, 5, 9—15.*)

Die Logik der Vergeltung will, daß den Verbrecher die gleiche Tat zugrunde richtet, die ihn zum Erfolg geführt hat:

Die Götter sind gerecht: aus unsren Lüsten
Erschaffen sie das Werkzeug, uns zu strafen.
(König Lear V, 3, 170—171.)

Blutig, das bist du, blutig wirst du enden:
Wie du dein Leben, wird dein Tod dich schänden.
(Richard III. IV, 4, 195—196.)

Doch diese Wiedergutmachung, welche die Gerechtigkeit erheischt, hat vor allem zum Ziel, das Böse durch das Böse zu vernichten und seine Quellen zum Versiegen zu bringen:

Hör' mich, Natur, hör', teure Göttin, hör mich!
Hemm' deinen Vorsatz, wenn's dein Wille war,
Ein Kind zu schenken dieser Kreatur! —
Unfruchtbarkeit sei ihres Leibes Fluch! —
Vertrockne die Organe der Vermehrung;
Aus ihrem mißgebornen Blut erwachse nie
Ein Säugling, sie zu ehren. Muß sie kreißen,
So schaff' ihr Kind aus Zorn, damit es lebe
Als widrig quälend Mißgeschick für sie! —
Es grab' ihr Runzeln in die junge Stirn,
Ätze mit Tränenfluten ihre Wangen,
Erwidre ihre Muttersorg' und Wohltat
Mit Spott und Hohngelächter, daß sie fühle,
Wie schärfer noch als einer Schlange Zahn
Es sticht, ein undankbares Kind zu haben.
(König Lear I, 4, 297—311.)

Solche Verwünschungen könnte man als naiv ansehen; für Shakespeare haben sie indessen eine ausgesprochen transzendente Bedeutung:

BUCKINGHAM: . . . *nie überschreiten Flüche*
Die Lippen, die sie in die Luft gehaucht.
MARGARETA: *Ich glaube doch, sie steigen himmelan,*
Und wecken Gottes sanft entschlafnen Frieden.
(Richard III. I, 4, 285—288.)

Wenn das Böse seinen Höhepunkt erreicht hat, ruft es gleichsam eine göttliche Gegenwehr, eine Kraft des Guten hervor, die es entthront:

Auf letzter Stufe hören auf die Dinge,
Wo nicht, so klimmen sie zur alten Höhe.
(Macbeth IV, 2, 24—25.)

Doch, wenn Himmelsmächte
Sehn unser menschlich Tun — sie schaun herab —
Dann zweifl' ich nicht, daß Unschuld läßt erröten

Verleumdung, und daß Tyrannei erbebt
Vor der Geduld.

(*Das Wintermärchen III, 1, 29–33.*)

Doch die Tragödie ist großzügig genug, um auch den Schuldigen in seinem Sturze an einem übernatürlichen Frieden teilhaben zu lassen:

Wenn ich vergessen bin – und das ist bald –
Und schlaf' im stummen kalten Stein, wo niemand
Mich nennen wird, – dann sag, ich lehrt es dich –
Wolsey, der einst schritt den Pfad des Ruhms, um dort
Der Ehre schlimme Klippen zu erkunden,
Wies dir den Weg zur Höh aus seinem Schiffbruch,
Den wahren, sichern, den er selbst verlor.

(*König Heinrich VIII. III, 2, 432–437.*)

Und abermals ruft Shakespeare die Harmonie an, um diese Entwirrung des Knotens zu umschreiben:

Das Gewebe unseres Lebens besteht aus gemischtem Garn, gut und schlecht durcheinander. Unsere Tugenden würden stolz werden, wenn unsere Fehler sie nicht geißelten, und unsere Laster würden verzweifeln, wenn sie nicht von unseren Tugenden ermuntert würden.

(*Ende gut, alles gut IV, 3, 83–87.*)

Da somit der Mensch nach dem Worte Pascals ‹weder Engel noch Tier› ist, möge er sich hüten, seinen Nächsten zu verdammen:

Der ist ein Ketzer, der das Feuer schürt,
Nicht er, der brennt.

(*Das Wintermärchen II, 3, 115–116.*)

und endlich lernen, seinen Mitmenschen mit Liebe zu begegnen:

. . . Wie erging es euch,
Wollt' unser höchster Richter streng euch richten
So, wie ihr seid? O das erwäget, Herr,
Und Gnade wird entschweben euren Lippen
Mit Kindes Unschuld.

(*Maß für Maß II, 2, 75–79.*)

DER TOD

Es gibt ein Übel, dem keiner entgeht und das uns Shakespeare ständig ins Gedächtnis ruft: den Tod.

Doch sterben müssen Kön'ge noch so groß,
So endet stets des Menschen elend Los.

(*Heinrich VI. Erster Teil, III, 2, 136–137.*)

Gewiß ist das ein Gemeinplatz, aber ein wie erschreckender, wenn man nur etwas darüber nachdenkt:

Wir sind aus solchem Stoff
Wie Träume sind, und unser kleines Leben
Umspannt ein Schlaf.

(*Der Sturm IV, 1, 156–158.*)

‹Sterben, schlafen› – diese beiden Entrückungen empfindet Shakespeare als so gleichartig, daß wir schon in dieser Welt die andere vorausahnen können:

. . . Mein Traum fuhr nach dem Leben fort:
O da begann erst meiner Seele Sturm!
Mich setzte über die betrübte Flut
Der grimme Fährmann, den die Dichter singen,
In jenes Königreich der ew'gen Nacht.

(*Richard III. I, 4, 43–47.*)

Vor allem aber vermag uns der Traum, da er am Tode teilhat, dessen Kommen anzukündigen: Wie Naturkatastrophen ist er ein Vorzeichen:

Bleib, Hektor, bleib;
Dein Weib sah Träume, deine Mutter Zeichen,
Kassandra weissagt Unglück, und ich selbst,
Wie ein Prophet in plötzlicher Verzückung,
Verkünde dir: der Tag ist unheilvoll:
Drum kehr zurück!

(*Troilus und Cressida V, 3, 62–66.*)

Es gibt somit eine Welt des Todes – eine Welt voller Träume, Zeichen und Geheimnisse; sie steht zu der unseren in Beziehungen, die manche Menschen wahrzunehmen vermögen:

WAHRSAGER: *Nimm vor des Märzes Iden dich in acht!*
CÄSAR: *Wer ist der Mann?*
BRUTUS: *Ein Wahrsager; er warnt euch vor den Iden des März.*

(*Julius Cäsar I, 2, 18–19.*)

Vielleicht ist es dieses Wissen, das manchem Unglücklichen den Tod so begehrenswert erscheinen läßt:

. . . O liebenswürd'ger holder Tod!
Balsamischer Gestank, gesunde Fäule!
Steig' auf aus deinem Lager ewger Nacht,
Du Haß und Schrecken der Zufriedenheit,
So will ich küssen dein verhaßt Gebein,
In deiner Augen Höhlung meine stecken,
Um meine Finger deine Würmer ringeln,
Mit eklem Staub dies Tor des Atems stopfen,

Käthe Gold als Ophelia (Staatliches Schauspielhaus, Berlin 1936)

Und will ein grauser Leichnam sein, wie du.
Komm, grins' mich an! Ich denke dann, du lächelst,
Und herze dich als Weib. Des Elends Buhle,
O komm zu mir!

(König Johann III, 4, 25–36.)

Doch der Dichter nennt den Tod auch deshalb einen ‹Trostbringer›, weil er den irdischen Leiden ein Ende setzt:

Hier lauert kein Verrat, hier schwillt kein Leid,
Wächst kein verhaßter Zwist, kein Sturm für euch,
Kein Lärm: nur Schweigen und ein ew'ger Schlaf.
(Titus Andronicus I, 1, 153–155.)

Nach dieser gleichen Ruhe sehnen sich die Liebenden. Da sie auf Erden voneinander getrennt sind, träumen sie von einer Vereinigung in einer anderen Welt. Das Grab wird zu ihrem Hochzeitsbett:

... Hier, hier will ich bleiben
Mit Würmern, die dir Dienerinnen sind.
Hier baue ich die ewge Ruhstatt mir,
Und schüttle von dem lebensmüden Leibe
Das Joch feindseliger Gestirne. – Augen,
Tut den letzten Blick! Arme, nehmt die letzte
Umarmung, und o Lippen ihr, die Tore
Des Atems, siegelt mit rechtmäß'gem Kusse
Den ewigen Vertrag mit Wuchrer Tod!
Komm, bittrer Führer, widriger Gefährte,
Verzweifelter Pilot! Nun treib' sogleich
Dein leckes, krankes Schiff in Felsenbrandung.
... (Er trinkt.) *O wackrer Apotheker!*
Dein Trank wirkt schnell. – Und so im Kusse sterb' ich.
(Romeo und Julia V, 3, 102–120.)

Schließlich lockt der Tod die nach Gerechtigkeit dürstenden Seelen, weil er die letzte Wiedergutmachung darstellt:

... Kalt, o Liebe?
Wie deine Keuschheit!
O du verfluchter Sklav! Peitscht mich, ihr Teufel,
Weg von dem Anblick dieser Himmelsschönheit!
Stürmt mich in Wirbeln! Röstet mich in Schwefel,
Wascht mich in tiefen Schlünden flüss'ger Glut!
O Desdemona, Desdemona, tot! ...
(Othello V, 2, 275–281.)

Doch mögen auch alle diese Gründe noch so durchschlagend sein: Sie können doch den Menschen nicht dazu bestimmen, freiwillig die Erde zu verlassen:

GRAUSLICH: *Fort, Kerl! Hol uns Bernardin her! –*
POMPEJUS: *Meister Bernardin, ihr müßt wach werden und euch hängen lassen! Meister Bernardin! –*
GRAUSLICH: *He, holla, Bernardin! –*

BERNARDIN: *Daß euch das Donnerwetter übern Hals käme! Wer macht den Lärm da? Wer seid ihr?*

POMPEJUS: *Euer guter Freund, mein Herr, der Henker! Ihr müßt so gut sein, mein Herr, und aufstehn und euch hinrichten lassen!*

BERNARDIN: *Fort, du Schurke, fort, sag ich, ich will schlafen!*

GRAUSLICH: *Sag' ihm, er muß wach werden, und das gleich.*

POMPEJUS: *Bitt' euch, Meister Bernardin, werdet nur wach, bis man euch hingerichtet hat, nachher könnt ihr weiter schlafen!*

GRAUSLICH: *Geh hinein, und hol ihn heraus.*

POMPEJUS: *Er kommt schon, Herr, er kommt schon; ich höre sein Stroh rascheln . . .*

BERNARDIN: *Nun, Grauslich? Was habt ihr vor?*

GRAUSLICH: *Im Ernst, Freund, macht euch dran, und haspelt euer Gebet herunter; der Befehl ist da.*

BERNARDIN: *Ihr Schurke, ich habe die ganze Nacht durch gesoffen; es kommt mir ungelegen.*

POMPEJUS: *Ei, desto besser; wenn er die ganze Nacht durch gesoffen hat und man hängt ihn des Morgens früh, da hat er den ganzen Tag, um auszuschlafen.*

(Der Herzog *kommt, als Mönch verkleidet.)*

GRAUSLICH: *Seht, Freund, da kommt euer Beichtvater. Meint ihr noch, es sei Spaß, he?*

HERZOG: *Mein Freund, ich hörte, wie bald ihr die Welt verlassen müßt, und kam aus christlicher Nächstenliebe, euch zu ermahnen und zu trösten und mit euch zu beten.*

BERNARDIN: *Pater, daraus wird nichts. Ich habe die ganze Nacht durch gesoffen und muß mehr Zeit haben, mich zu besinnen; sonst sollen sie mir das Hirn mit Keulen herausschlagen. Ich tu's nicht, daß ich mich heut hinrichten lasse; dabei bleibt's!*

HERZOG: *O Freund, ihr müßt; und darum bitt' ich euch, schaut vorwärts auf den Weg, der euch bevorsteht.*

BERNARDIN: *Ich schwöre aber, daß kein Mensch mich dazu bringen soll, heut zu sterben.*

HERZOG: *So hört doch!*

BERNARDIN: *Nicht ein Wort! Wenn ihr mir was zu sagen habt, so kommt in meine Zelle, denn ich will heute keinen Schritt heraustun.*

(Maß für Maß IV, 3, 22—66.)

Denn der Tod bleibt das große Rätsel. Öffnet er uns die Tore zum Himmel oder zum Nichts? Shakespeare faßt hier zwei Möglichkeiten ins Auge, und überläßt es uns, unseren Schluß daraus zu ziehen:

KERKERMEISTER: *Kommt, Herr, seid ihr gar gemacht für den Tod? . . .*

POSTHUMUS: *Ich bin freudiger bereit zu sterben, als zu leben.*

KERKERMEISTER: *Wahrhaftig, Herr, wer schläft, fühlt kein Zahnweh; aber einer, der euren Schlaf schlafen sollte, wobei der Henker ihm ins Bett steigen hilft, der tauschte gern seinen Platz mit seinem Wärter; denn, seht ihr, ihr wißt noch nicht, welchen Weg ihr gehen werdet . . .*

Orson Welles in der Titelrolle des Films «Othello»

POSTHUMUS: *Ich sage dir, keinem fehlen die Augen, ihn auf dem Wege zu leiten, den ich jetzt gehen werde, außer Leuten, die die Augen zudrücken und sie nicht gebrauchen wollen.*

KERKERMEISTER: *Welch ein Tausendspaß wäre das, daß ein Mensch den besten Gebrauch von seinen Augen machte, um den Weg der*

Blindheit zu sehen! Ich bin gewiß. Hängen ist der Weg, die Augen zuzudrücken.

(Cymbeline V, 4, 151–198.)

Und so wird durch diese letzte Ungewißheit der eigentliche Sinn unseres Lebens und unserer Taten in Frage gestellt:

Sein oder Nichtsein, das ist hier die Frage:
Ob's edler im Gemüt, die Pfeil' und Schleudern
Des wütenden Geschicks erdulden, oder
Sich wappnend gegen eine Flut von Plagen
Durch Widerstand sie enden. Sterben – schlafen –
Nichts weiter! – und zu wissen, daß ein Schlaf
Das Herzweh und die tausend Stöße endet,
Die unsres Fleisches Erbteil – 's ist ein Ziel
Auf's innigste zu wünschen. Sterben – schlafen –
Schlafen! Vielleicht auch träumen! – Ja, da liegt's:
Was in den Schlaf für Träume kommen mögen,
Wenn wir den Drang des Ird'schen abgeschüttelt,
Das zwingt uns, still zu stehn. Das ist die Rücksicht,
Die Elend läßt zu hohen Jahren kommen.
Denn wer ertrüg' der Zeiten Spott und Geißel,
Des Mächt'gen Druck, Mißhandlungen des Stolzen,
Verschmähter Liebe Pein, des Rechtes Aufschub,
Den Übermut der Ämter und die Schmach,
Die Unwert schweigendem Verdienst erweist,
Wenn er sich selbst in Ruh versetzen könnte
Mit einer Nadel bloß? Wer trüge Lasten
Und stöhnt' und schwitzte unter Lebensmüh?
Nur daß die Furcht vor etwas nach dem Tod –
Das unentdeckte Land, aus dessen Reich
Kein Wandrer wiederkehrt – den Willen trügt,
So daß wir Übel, die wir haben, lieber
Ertragen, als zu unbekannten fliehn.
So macht Gewissen Feige aus uns allen;
Der angebornen Farbe der Entschließung
Wird des Gedankens Blässe angekränkelt;
Und Unternehmungen voll Mark und Nachdruck,
Durch diese Rücksicht aus der Bahn gelenkt,
Verlieren so der Handlung Namen.

(Hamlet III, 1, 56–88.)

Wir werden ‹alle zu Feigen›, denn vor diesem Unbekannten empfinden wir notgedrungen ein nahezu physisches Grauen.

Ja, aber sterben! Gehn, wer weiß, wohin,
Da liegen, kalt, eng, eingesperrt, und faulen;
Dies lebenswarme, fühlende Bewegen
Verschrumpft zum Kloß; und der entrückte Geist
Getaucht in Feuerfluten oder schaudernd

Umstarrt von Wüsten ew'ger Eisesmassen,
Gekerkert sein in unsichtbare Stürme,
Und mit rastloser Wut gejagt rings um
Die schwebende Erd'; oder Schlimm'res werden
Als selbst die Schlimmsten unter denen, die
Zügellos wild umschweifende Gedanken
Sich heulend vorstellen; zu entsetzlich
Ist das! Das schwerste ird'sche Kummerleben,
Das Alter, Armut, Schmerz, Gefangenschaft
Den Menschen auferlegt, ist gegen das,
Was uns im Tode droht, ein Paradies.
(Maß für Maß III, 1, 118–132.)

Der Tod wird auf diese Weise zum absoluten Übel, zur schlimmsten Erniedrigung, die wir erleiden können:

So starb zum Beispiel Alexander: Alexander wurde begraben, Alexander verwandelte sich in Staub; der Staub ist Erde; aus Erde machen wir Lehm; und warum sollte man nicht mit dem Lehm, in den er verwandelt wurde, ein Bierfaß stopfen können?
Der große Cäsar tot und Lehm geworden
Verstopft ein Loch wohl vor dem rauhen Norden ...
(Hamlet V, 1, 229–237.)

Auf der untersten Stufe dieser Erniedrigung dient dann der Tod dazu, das Leben zu verleumden, indem er es nach seinem Bilde formt:

Und so von Stund' zu Stunde reifen wir,
Und so von Stund' zu Stunde faulen wir
(Wie es euch gefällt II, 7, 26–27.)

Ein Morgen – und ein Morgen – und ein Morgen
Kriecht so mit Schneckenschritt von Tag zu Tag
Zur letzten Silbe in dem Buch der Zeit:
Und alle unsre Gestern haben Narren
Den Weg zum staub'gen Tod geleuchtet. Aus,
Aus, aus, du knappes Licht! Das Leben ist
Ein wandelnder Schatten nur; ein armer Spieler,
Der auf der Bühn' sein Stündchen prahlt und tobt,
Und dann nicht mehr gehört wird; 's ist ein Märchen,
Erzählt von einem Narrn; voll Klang und Wut,
Bedeutend – nichts.
(Macbeth V, 5, 19–28.)

So nötigt uns der Tod zu dem Eingeständnis, daß alles eitel ist:

In einen Spiegel heißt in Todes Antlitz schaun,
Der sagt, daß Leben Hauch, und Irrtum, ihm vertraun.
(Perikles I, 1, 45–46.)

Doch dadurch nimmt er uns unsere Illusionen:

Vereine nicht mit Gram dich, teure Frau,
Zu meinem schnellen Ende; tu es nicht!
Lern, gute Seele, unsern vor'gen Stand
. . . .
Denn Heiligkeit gewinnt die Kron' im Himmel,
Die hier zerschlagen eitles Weltgetümmel.
(Richard II. IV, 1, 16—25.)

Shakespeare eröffnet uns somit keine angenehmen Aussichten für den Tod, der auf uns lauert; vielmehr fordert er uns auf, ihn mit hellen Sinnen auf uns zu nehmen:

Dulden muß der Mensch
Sein Scheiden aus der Welt, wie seine Ankunft:
Reif sein ist alles.
(König Lear V, 2, 9—11.)

Will'ge in deinen Tod! Tod so wie Leben
Wird dadurch süßer.
(Maß für Maß III, 1, 5—6.)

Ist das Pessimismus? Eher Weisheit und Mut! Wir wissen nicht, welches Los uns erwartet, sobald wir unsere irdische Hülle verlassen haben; wir wissen nur, daß diese zu den Elementen zurückkehren wird, aus denen sie entstanden ist.

... Freunde, sagt Athen:
Timon hat hier sein ew'ges Haus gebaut,
Auf dem bespülten Strand der salz'gen Flut,
Daß eines Tags mit ihrem Wogenschaum
Die Brandung überflutet; dahin kommt,
Laßt meinen Grabstein euch Orakel sein.
(Timon von Athen V, 2, 217—221.)

Doch diese Ruhe im Schoße des Weltalls verleiht dem Verstorbenen Unschuld, Ewigkeit . . .

Grabe dir alsbald dein Grab,
Lieg', wo der Seeschaum täglich schlagen mag
Den Stein!
(Timon von Athen IV, 3, 378—380.)

Und langsam adelt ihn die Natur durch ihre Wunder:

Fünf Faden tief liegt Vater dein,
Sein Gebein wird zu Korallen,
Perlen sind die Augen sein.
Nichts an ihm, das soll verfallen,
Das nicht wandelt Meereshut
In ein reich und seltnes Gut.
Nymphen läuten stündlich ihm,
Da horch ihr Glöcklein — bim, bim, bim!
(Der Sturm I, 2, 396—402.)

Sterben heißt eingehen in die große Poesie der Erde:

Der Tod ist ja des Phönix' Nest.
(Der Phönix und die Taube, 56.)

DIE DICHTUNG

Die Zeit zersticht der Jugend grüne Flur,
Gräbt Linien in die Stirn, wo Schönheit lag,
Zehrt an den Kostbarkeiten der Natur,
Und nichts besteht vor ihrem Stundenschlag.
Und doch trotz ich der grausamharten Hand,
Mein Lied, dein Preis, hält der Zerstörung stand.
(60. Sonett.)

Diese Feststellung, die im 63. und 65. Sonett wiederaufgenommen wird, lehrt uns, daß das dichterische Erlebnis den Tod überdauert und verwandelt, so wie die Heiligkeit das Leben verwandelt:

Mein frommer Freund, ihr selber wißt am besten,
Wie sehr ich stets die Einsamkeit geliebt,
Geringe Freude fand am eitlen Schwarm,

Wo Jugend herrscht und Gold und eitles Prunken.
(Maß für Maß I, 4, 7—10.)

Als wollte er uns jenen Wunsch anvertrauen, der ihm im Alter erfüllt werden sollte, hat uns Shakespeare des öfteren einen König vorgeführt, der dem Hofleben entsagt, um sich der Meditation zu widmen.

. . . Daß nun ich so mein zeitlich Teil versäumte,
Der Still' ergeben, mein Gemüt zu bessern,
Bemüht mit dem, was, wär's nicht so geheim,
Des Volkes Schätzung überstieg . . .
(Der Sturm I, 2, 89—92.)

Wie Descartes verspricht sich Shakespeare von der Meditation die Lösung des Welträtsels. Doch im Gegensatz zu dem französischen

Philosophen rühmt er das Studium einer Wissenschaft, die sich auf Magie gründet; so spricht er zum Beispiel von der alchimistischen Medizin, die Tote aufzuerwecken vermöge:

. . . Man weiß, daß ich
Heilkunde stets studiert; durch solche
Geheime Kunst, durch Quellenforschung,
Dazu durch eigne Übung wurden mir
Vertraut und dienstbar jene Segenskräfte,
Die in Metallen, Steinen, Pflanzen ruhn.
So kann ich auch die Störungen erkennen,
Die die Natur bewirkt und ihre Heilung;
Und dies gibt mir an wahren Freuden mehr,
Als Dürsten nach der unbeständ'gen Ehre
Oder in seidne Beutel Gold zu bergen,
Den Narren zum Gefallen und dem Tod.

(Perikles III, 2, 31–42.)

Selbst wenn man von solchen Spekulationen absieht, fände der Mensch noch ‹echtere Freuden› in einem Kerker als in Städten und Palästen:

. . . Komm fort! Zum Kerker fort! –
Da laß uns singen, wie Vögel in dem Käfig.
Bitt'st du um meinen Segen, will ich knien
Und dein Verzeihn erflehn; so wolln wir leben,
Beten und singen, Märchen uns erzählen,
Und über gold'ne Schmetterlinge lachen.
Wir hören armes Volk vom Hofe plaudern,
Und schwatzen mit; wer da gewinnt, verliert;
Wer in, wer aus der Gunst; und tun so tief
Geheimnisvoll, als wären wir Propheten
Der Gottheit: und so überdauern wir
Im Kerker die Ränke und den Zwist der Großen,
Die ebben mit dem Mond und fluten.

(König Lear V, 3, 8–19.)

Doch die Abgeschiedenheit, die den Weisen ziemt, tut unserer Natur so sehr Gewalt an, daß wir uns ihr nicht bedenkenlos überlassen sollten.

Drum fraget eure Wünsche, schönes Kind,
Bedenkt die Jugend, prüfet euer Blut,
Ob ihr die Nonnentracht ertragen könnt,
Wenn ihr der Wahl des Vaters widerstrebt;
Im dumpfen Kloster ewig eingesperrt,
Als unfruchtbare Schwester zu verharren,
Den keuschen Mond mit matten Hymnen feiernd.
O dreimal selig, die, des Bluts Beherrscher,

So jungfräuliche Pilgerschaft bestehn!
Doch die gepflückte Ros' ist irdischer beglückt,
Als die, am unberührten Dorne welkend,
Wächst, lebt und stirbt in heil'ger Einsamkeit.
(Ein Sommernachtstraum I, 1, 70—78.)

Und nunmehr wendet sich Shakespeare gegen die Versuchung einer romantischen Weltflucht und macht sich zum Anwalt des Lebens:

Eitel ist jede Lust, am meisten, die
Mit Mühen kaufend nichts erwirbt als Müh;
So auch, mühvoll den Geist zum Buch zu wenden,
Suchend der Wahrheit göttlich Angesicht,
Indes die Strahlen schon das Auge blenden.
. . . .
Was hat solch armer Grübler sich gewonnen,
Als Satzung, die im fremden Buch zu finden?
Die ird'schen Paten, die im Himmelsheer
Gevattern gleich, jedweden Stern benennen,
Erfreun sich ihres nächt'gen Scheins nicht mehr,
Als die umhergehn und nicht einen kennen. —
Wer zuviel weiß, weiß nichts als leere Spreu,
Und jeder Pate tauft die Dinge neu.
(Verlorene Liebesmüh I, 1, 72—92.)

Und statt dieses falschen Wissens rühmt er die Dichtung, die den Einklang zwischen Mensch und Weltall wiederfinden soll:

. . . Soll sich Sommer stolz verkünden,
Eh noch ein Vogel Ursach' hat zu singen? —
Soll ich unzeitiger Geburt mich freun?
Ich mag um Neujahr Rosen nicht verlangen,
Noch Schnee, wenn Lenz und Mai in Blüten prangen:
Jegliche Frucht muß Reif' und Zeit erlangen.
(Verlorene Liebesmüh I, 1, 102—107.)

Doch an dieser Weisheit hat nur teil, wer die wirklichen Werte erkennt:

. . . Mir dünkte stets,
Weisheit und Tugend seien höhre Gaben
Als Adel oder Reichtum; läss'ge Erben
Können vergeuden, dunkeln diese zwei,
Doch jenen ist Unsterblichkeit bestimmt . . .
(Perikles III, 2, 26—30.)

Wahre Dichtung kann nicht ohne Sittlichkeit auskommen; sonst ist sie nicht aufrichtig:

Wem Gott vertraut des Himmels Schwert,
Muß heilig sein und ernst bewährt;
Selbst ein Muster, uns zu leiten,
So festzustehn wie fortzuschreiten,
Gleiches Maß den fremden Fehlen
Wie dem eignen Frevel wählen.

(Maß für Maß III, 2, 275–280.)

Welches sind aber die Kardinaltugenden, die uns dieses ‹echte Leben› verbürgen? Vor allem Barmherzigkeit und Liebe zum Nächsten:

... Seid gewiß,
Kein Attribut das Mächtige verherrlicht,
Nicht Königskrone, Schwert des Reichsverwesers,
Des Marschalls Stab, des Richters Amtsgewand,
Keins schmückt sie alle halb mit solchem Glanz,
Als Gnade tut.

(Maß für Maß II, 2, 58–63.)

Denn Gnade selber schrieb uns das Gebot;
Und wer mag Liebe trennen von der Gnade?

(Verlorene Liebesmüh IV, 3, 364–365.)

Es soll uns Großmut unser Eidam lehren:
Verzeihung allen!

(Cymbeline II, 2, 11–23.)

Sogar die Natur ist uns hierfür ein Vorbild:

Sie sagen, wenn die Zeit des Jahres naht,
Da man des Heilands Ankunft feiert, singe
Die ganze Nacht durch dieser frühe Vogel.
Dann darf kein Geist umhergehn, sagen sie,
Die Nächte sind gesund, dann sticht kein Stern.
Kein Elfe spukt und keine Hexe zaubert:
So gnadenvoll und heilig ist die Zeit.

(Hamlet I, 1, 158–164.)

Manch ein Held Shakespeares hat solche Reinheit gekostet. War sie nicht Jachimos Entzücken, als er die schlafende Imogen sah?

Das Heimchen zirpt; der Mensch, von Arbeit matt,
Gewinnt sich Kraft im Ruhn; so leis auf Binsen
Schlich einst Tarquin, eh er die Keuschheit weckte,
Die er verwundete. – O Cytherea,
Wie hold schmückst du dein Bett, du frische Lilie,
Und weißer als das Linnen! Dürft' ich rühren
Und küssen: einen Kuß! – Rubinen himmlisch,
Wie zart sie schließen! – Ihre Atemzüge
Durchwürzen so den Raum. Das Licht der Kerze

Beugt sich ihr zu, und möchte lauschen unter
Das Augenlid, zu sehn verhüllte Sterne,
Jetzt von den Fenstergattern zugedeckt:
Weiß und Azur, umsäumt mit Himmelsdunkel . . .
(Cymbeline II, 2, 11–23.)

Fast hat es den Anschein, als sagte die Schönheit durch Mirandas Mund zum Dichter:

. . . Öfter
Begannt ihr mir zu sagen, wer ich bin.
Doch bracht ihr ab, ließt mich vergebens forschen,
Und schlosset: Halt! noch nicht!
(Der Sturm I, 2, 34–35.)

Doch die Zeit ist gekommen, die Dichtung errichtet ihr Reich auf Erden.

Ich wirkte ja in der Gemeinschaft alles
Durch's Gegenteil: denn keine Art von Handel
Erlaubt' ich, keinen Namen eines Amtes;
Gelehrtheit sollte man nicht kennen; Reichtum,
Dienst, Armut gäb's nicht; von Vertrag und Erbschaft,
Verzäunung, Landmark, Feld- und Weinbau nichts;
Auch kein Gebrauch von Korn, Wein, Öl, Metall,
Kein Handwerk, alle Männer müßig, alle;
Die Weiber auch; doch völlig rein und schuldlos . . .
(Der Sturm II, 1, 147–164.)

Gewiß ein Traum, doch die Kindheit bewahrt sein Geheimnis:

Wir waren Zwillingslämmern gleich, die blökend
Im Sonnenscheine miteinander spielten;
Nur Unschuld tauschten wir für Unschuld; kannten
Des Unrechts Lehre nicht, noch träumten wir,
Man täte Böses; lebten wir so weiter,
Und stieg nie höher unser schwacher Geist
Durch heißres Blut, wir könnten kühn dem Himmel
Einst sagen: Frei von Schuld, die abgerechnet,
Die unser Erbteil . . .
(Das Wintermärchen I, 2, 67–75.)

Findet man diese Unschuld wieder, so entdeckt man auch die Natur von neuem:

. . . O Proserpina,
Hätt' ich die Blumen jetzt, die du erschreckt
Verlorst von Plutos Wagen! Anemonen,
Die, eh die Schwalb' es wagt, erscheinen und
Des Märzes Wind mit ihrer Schönheit fesseln;

Veilchen, so dunkel wie der Juno Augen,
Süß wie Cytherens Atem; bleiche Primeln,
Die sterben unvermählt, eh sie geschaut
Des goldnen Phöbus mächt'gen Strahl, ein Übel,
Das Mädchen oft befällt; die dreiste Maßlieb,
Die Kaiserkrone, Lilien aller Art,
Die Königslilie drunter! Hätt' ich die,
Dir Kron' und Kranz zu flechten, süßer Freund,
Dich ganz damit bestreuend!

(Das Wintermärchen IV, 3, 116–129.)

Und so betritt man die verzauberte Welt der Elfen, der Kobolde und Nymphen, der Königin Mab, Titanias und ihrer Sylphiden: Keiner, der in dieses Traumreich gelangt, möchte es wieder verlassen.

FERDINAND: *Das ist ein majestätisch Schauspiel, und harmonisch zum Bezaubern! Darf ich diese für Geister halten?*
PROSPERO: *Geister, die mein Wissen*
Aus ihren Schranken rief, um vorzustellen,
Was mir gefällt.
FERDINAND: *Hier laßt mich immer leben:*
Vater und Gattin, die so wunderkräftig,
Machen die Stätte mir zum Paradies.

(Der Sturm IV, 1, 118–124.)

Hier findet der Mensch ein verlorenes Geheimnis wieder, das Glück, das ihm einstmals im Garten Eden zuteil wurde.

Sei nicht in Angst! Die Insel tönt und klingt,
Sie ist voll süßer Lieder, die ergötzen
Und niemand Schaden tun. Mir klimpern manchmal
Viel tausend Instrumente hell ums Ohr,
Und manchmal Stimmen, die mich, wenn ich auch
Nach langem Schlaf erst eben aufgewacht,
Zum Schlafen wieder bringen: dann im Traume
War mir, als täten sich die Wolken auf
Und zeigten Schätze, die auf mich herab
Sich schütten wollten, daß ich beim Erwachen
Nach neuen Träumen weinte . . .

(Der Sturm III, 2, 144–152.)

So stellt die Dichtung wirklich den Stein der Weisen dar. Sie eröffnet uns eine höhere Welt, in der der Mensch die Vorrechte zurückgewinnt, die er vor dem Sündenfall besaß.

. . . Was siehst du sonst
Im dunklen Hintergrund und Schoß der Zeit,
Besinnst du dich auf etwas, wo du herkamst?

(Der Sturm I, 2, 49–52.)

Das Shakespeare-Denkmal in Stratford-on-Avon

Und der Dichter könnte wahrhaftig mit einem stolzen und zugleich demütigen Gesange sein Werk abschließen:

Er, der die größten Taten läßt vollbringen,
Legt oft in schwache Hände das Gelingen:
So zeigt die Schrift in Kindern weisen Mut,
Wo Männer kindisch waren; große Flut
Entspringt aus kleinem Quell und Meere schwinden,
Ob Weise auch die Wunder nicht ergründen.
(Ende gut, alles gut II, 1, 139—144.)

Wie Musik hat Shakespeare seine Dichtung inmitten des Weltalls verströmen lassen. Sogar die Tiere, die Steine hat sie verzaubert:

. . . Drum lehrt der Dichter,
Gelenkt hab' Orpheus Bäume, Felsen, Fluten,
Weil nichts so störrisch, hart und voller Wut,
Das nicht Musik auf eine Zeit verwandelt.
Der Mann, der nicht Musik hat in sich selbst,
Den nicht die Eintracht süßer Töne rührt,
Taugt zu Verrat, zu Räuberei und Tücken;
Die Regung seines Sinns ist tief wie Nacht,
Sein Trachten düster wie der Erebus.
Trau keinem solchen! Horch auf die Musik!
(Der Kaufmann von Venedig V, 1, 79—88.)

Sie hat den Menschen in dessen eigene Größe eingeweiht:

Wie süß das Mondlicht auf dem Hügel schläft!
Hier sitzen wir und lassen die Musik
Zum Ohre schlüpfen; sanfte Still' und Nacht,
Sie werden Tasten süßer Harmonie.
Komm, Jessica! Sieh, wie die Himmelsflur
Ist eingelegt mit Scheiben lichten Goldes!
Auch nicht der kleinste Kreis, den du da siehst,
Der nicht im Schwunge wie ein Engel singt
Zum Chor der hellgeäugten Cherubim.
So voller Harmonie sind ewge Geister,
Nur wir, weil dies hinfäll'ge Kleid von Staub
Ihn grob umhüllt, wir können sie nicht hören.
(Der Kaufmann von Venedig V, 1, 54—65.)

Den Dichter aber stellt sie vor ein letztes Rätsel:

Wo ist wohl die Musik? In der Luft? Auf Erden?
Sie spielt nicht mehr.
(Der Sturm I, 2, 387—388.)

Das Werk ist vollendet. Shakespeare kann auf immer sein Buch schließen.

Ihr Elfen von den Hügeln, Bächen, Hainen,
Und ihr, die ihr am Strand spurlosen Fußes,
Den ebbenden Neptunus jagt, und flieht,
Wenn er zurückkehrt; halbe Zwerge, die ihr
Bei Mondschein grüne saure Gräslein flechtet,
Wovon das Schaf nicht frißt; die ihr zur Kurzweil
Die nächt'gen Pilze macht; die ihr am Klang
Der Abendglock' euch freut; mit deren Hilfe
(Sei schwach auch meine Kunst) des Mittags ich
Die Sonn umhüllt, rebell'schen Wind entboten,
Die grüne See mit der azurnen Wölbung
In lauten Kampf gehetzt, den grimmen Donner
Mit Blitz bewehrt und Jovis Baum gespalten
Mit seinem eignen Keil, des Vorgebirgs
Grundfest' erschüttert, ausgerauft am Knorren
Fichte und Zeder; Grüft' auf mein Geheiß
Erweckten ihre Toten, sprangen auf
Und ließen sie heraus, durch meiner Kunst
Gewalt'gen Zwang: doch dieses grause Zaubern
Schwör' ich hier ab; und hab ich erst, wie jetzt
Ich's tue, himmlische Musik gefordert,
Zu wandeln ihre Sinne, wie die luft'ge
Magie vermag: so brech' ich meinen Stab,
Begrab ihn manche Klafter in die Erde,
Und tiefer, als ein Senkblei je geforscht,
Will ich mein Buch ertränken.

(Der Sturm V, 1, 33–57.)

Doch der Tod mag kommen, der Dichter mag diese Erde verlassen: Die Dichtung bleibt bestehen und beginnt von neuem:

Horch, horch! Die Lerche singt am Himmelstor.

(Cymbeline II, 3, 21.)

Make no Collection of it. Let him shew
His skill in the construction.

Luc. *Philarmonus.*

Sooth. Heere, my good Lord.

Luc. Read, and declare the meaning.

Reades.

When as a Lyons whelpe shall to himselfe vnknown, without seeking finde, and bee embrac'd by a peece of tender Ayre: And when from a stately Cedar shall be lopt branches, which being dead many yeares, shall after reuiue, bee ioyned to the old Stocke, and freshly grow, then shall Posthumus end his miseries, Britaine be fortunate, and flourish in Peace and Plentie.

Thou *Leonatus* art the Lyons Whelpe,
The fit and apt Construction of thy name
Being *Leonatus*, doth import so much:
The peece of tender Ayre, thy vertuous Daughter,
Which we call *Mollis Aer*, and *Mollis Aer*
We terme it *Mulier*; which *Mulier* I diuine
Is this most constant Wife, who euen now
Answering the Letter of the Oracle,
Vnknowne to you vnsought, were clipt about
With this most tender Aire.

Cym. This hath some seeming.

Sooth. The lofty Cedar, Royall *Cymbeline*
Personates thee: And thy lopt Branches point
Thy two Sonnes forth: who by *Belarius* stolne
For many yeares thought dead, are now reuiu'd
To the Maiesticke Cedar ioyn'd; whose Issue
Promises Britaine, Peace and Plenty.

Cym. Well,
My Peace we will begin: And *Caius Lucius*,
Although the Victor, we submit to *Cæsar*,
And to the Romane Empire; promising
To pay our wonted Tribute, from the which
We were disswaded by our wicked Queene,
Whom heauens in Iustice both on her, and hers,
Haue laid most heauy hand.

Sooth. The fingers of the Powres aboue, do tune
The harmony of this Peace: the Vision
Which I made knowne to *Lucius* ere the stroke
Of yet this scarse-cold-Battaile, at this instant
Is full accomplish'd. For the Romaine Eagle
From South to West, on wing soaring aloft
Lessen'd her selfe, and in the Beames o'th'Sun
So vanish'd; which fore-shew'd our Princely Eagle
Th'Imperiall *Cæsar*, should againe vnite
His Fauour, with the Radiant *Cymbeline*,
Which shines heere in the West.

Cym. Laud we the Gods,
And let our crooked Smoakes climbe to their Nostrils
From our blest Altars. Publish we this Peace
To all our Subiects. Set we forward: Let
A Roman, and a Brittish Ensigne waue
Friendly together: so through *Luds-Towne* march,
And in the Temple of great Iupiter
Our Peace wee'l ratifie: Seale it with Feasts.
Set on there: Neuer was a Warre did cease
(Ere bloodie hands were wash'd) with such a Peace.

Exeunt.

FINIS.

Printed at the Charges of W. Jaggard, Ed. Blount, I. Smithweeke, and W. Aspley, 1623.

NACHWEISE

1) Cymbeline III, 1, 16—22. 2) ebda III, 1, 24—29. 3) Der Kaufmann von Venedig I, 1, 8—14. 4) Der Widerspenstigen Zähmung I, 2, 50—51. 5) ebda I, 1, 10—13. 6) ebda II, 1, 348—361. 7) König Johann III, 1, 147—154. 8) Timon von Athen IV, 3, 13—20. 9) Hamlet III, 1, 70—74. 10) Heinrich IV. (2. Teil) III, 1, 142—146. 11) Was ihr wollt I, 3, 144—147. 12) Die lustigen Weiber von Windsor V, 1, 3—5. 13) Titus Andronicus IV, 2, 20—23. 14) Heinrich V. III, 4, 51—58. 15) Ein Sommernachtstraum III, 1, 60—73. 16) Hamlet II, 2, 411—420. 17) Perikles V, 3, 85—98. 18) Maurice Martin, Master William Shakespeare. Paris 1953. S. 26. 19) Die Komödie der Irrungen V, 1, 69—70. 20) Der Widerspenstigen Zähmung V, 2, 161—162. 21) Die lustigen Weiber von Windsor I, 1, 112—116. 22) Die Komödie der Irrungen I, 2, 97—103. 23) Hamlet II, 2, 354—360. 24) Das Wintermärchen IV, 3, 265—268, 279—283. 25) Sonett LXXVIII. 26) Heinrich V. Prolog, 8—14, 23—31. 27) Die beiden Veroneser V, 4, 62—63. 28) Heinrich VIII. IV, 5, 41—53. 29) Sturm I, 2, 72—77. 30) Julius Cäsar V, 3, 23—25. 31) Sonett LXXVI. 32) J. H. Rosny, Elisabeth Reine d'Angleterre. Paris 1929. S. 126. 33) G. L. Kittredge, The complete works of Shakespeare, Ginn, S. 229. 34) Heinrich IV. (1. Teil) III, 1, 147—155. 35) König Lear IV, 4, 1—6. 36) Richard II. III, 1, 7—15. 37) Der Phönix und die Taube, 25—27. 38) Was ihr wollt V, 1, 230—231. 39) Komödie der Irrungen IV, 3, 43 und II, 2, 190—192. 40) ebda I, 2, 35—38. 41) ebda III, 2, 29—39. 42) ebda V, 1, 400—403. 43) Sturm V, 1, 208—213. 44) Die beiden Veroneser I, 1, 66—69. 45) ebda II, 4, 145—153. 46) ebda IV, 2, 39—43. 47) ebda III, 1, 174—184. 48) ebda IV, 2, 100—102. 49) ebda IV, 2, 125—126. 50) ebda V, 4, 172—173. 51) Verlorene Liebesmüh V, 2, 803—816. 52) Der Kaufmann von Venedig II, 7, 38—42. 53) Perikles I, 1, 27—33. 54) Der Kaufmann von Venedig III, 2, 182—185. 55) ebda IV, 1, 184—200. 56) Perikles V, 1, 228—236. 57) Ein Sommernachtstraum I, 1, 1—4. 58) ebda I, 1, 7—11. 59) ebda I, 1, 83—86. 60) ebda II, 1, 103—105. 61) ebda III, 1, 105—107. 62) ebda III, 2, 370—384. 63) ebda III, 2, 431 bis 433. 64) ebda V, 1, 171—178. 65) Lucrezia, 925—929, 939—940. 66) Ende gut, alles gut IV, 4, 35. 67) König Johann III, 1, 76—80. 68) Richard II. IV, 1, 133—149. 69) Verlorene Liebesmüh V, 2, 749—750. 70) Richard III. V, 5, 23—24. 71) Viel Lärm um nichts IV, 1, 254. 72) König Lear I, 1, 283 bis 284. 73) Wintermärchen IV, 4, 669—670 und I, 2, 187—189. 74) Sonett IC.

ZEITTAFEL

1533 7. September. Elisabeth, Tochter Heinrichs VIII. und Anna Boleyns, in Greenwich geboren.

1558 17. November. Tod Maria Tudors. Ende der Protestantenverfolgungen.

1559 15. Januar. Unter allgemeinem Jubel wird Elisabeth zur englischen Königin in London gekrönt.

1564 23. April. William Shakespeare in Stratford-on-Avon geboren.

1565 29. Juli. Maria Stuart, Tochter Jakobs V. von Schottland, heiratet in Holyrood den jungen Lord Darnley.

1566 Jakob VI. von Schottland, der künftige König von England, in Edinburgh geboren.

1567 Robert Devereux, 2. Graf von Essex, geboren. 8. zum 9. Februar Graf Bothwell ermordet Lord Darnley in Kirk o' Field.

1568 John Shakespeare, Williams Vater, Bürgermeister in Stratford.

1570 Papst Pius V. exkommuniziert Elisabeth. Der Lord Mayor von London untersagt Schauspielern den Zutritt in die Stadt.

1572 Die Niederlande erheben sich gegen Philipp II.

1576 James Burbadge baut in Shoreditch das erste Londoner Theater.

1577 Francis Drake umsegelt die Erde. Unterwegs Plünderung der spanischen Niederlassungen in Chile und Peru.

1578 Wirtschaftlicher Ruin von Shakespeares Eltern.

1579 *Euphues* von John Lyly und *Shepherds Calendar* von Edmund Spenser erschienen.
Sir Philip Sidney dichtet seine *Arcadia*.

1582 27. November. Shakespeare heiratet Anne Hathway in Stratford.

1583 26. Mai. Susanna, Tochter Shakespeares, getauft.

1585 2. Februar. Hamnet und Judith Shakespeare getauft.

1586 Leicester befehligt das englische Expeditionskorps in den Niederlanden. Philip Sidney fällt in der Schlacht bei Zutphen.
Maria Stuart, seit 1568 in englischer Gefangenschaft, wird einer Konspiration gegen die Königin angeklagt.
Die *Spanische Tragödie* von Thomas Kyd aufgeführt.

1587 8. Februar. Maria Stuart in Fotheringay hingerichtet.
William Shakespeare verläßt seine Heimat und kommt nach London.

1588 Ende Juli. Zerstörung der spanischen Armada.
18. August. Tod des Grafen Leicester.
Doktor Faustus von Christopher Marlowe aufgeführt.

1589 Expedition unter Essex nach Portugal.

1592 3. März. *Heinrich VI.* aufgeführt.
August. Pamphlet Robert Greenes, in dem Shakespeare als ein ‹Hans-Dampf-in-allen-Gassen› attackiert wird.

1593 April. *Venus und Adonis*, dem Grafen von Southampton gewidmet, erscheint.
30. Mai. Tod Christopher Marlowes.
Richard Hooker stärkt durch Kirchengesetze die Stellung der anglikanischen Kirche.

1594 Das Epos *Lucrezia* dem Grafen von Southampton gewidmet.
Dezember. Die Truppe, der Shakespeare angehört, spielt zum ersten Male bei Hofe.

1595 Irischer Aufstand.

1596 Essex und Drake greifen Cadix an.

1597	4. Mai. Shakespeare kauft New Place in Stratford.
1598	Ben Jonsons *Jedermann in seiner Laune* aufgeführt.
1599	Juli. Das Globe Theatre eröffnet. Shakespeare Mitdirektor.
	Herbst. William Stanley, Graf von Derby, stellt die Schauspielertruppe ‹Kinder Sankt Pauli› neu auf.
1600	Mounjoy landet mit 20 000 Mann in Irland.
1601	7. Februar. *Richard III.* aufgeführt.
	8. Februar. Verschwörungsversuch des Grafen Essex gescheitert.
	25. Februar. Essex wird hingerichtet.
	8. September. Shakespeares Vater gestorben.
1602	Blutige Unterwerfung Irlands.
1603	24. März. Tod der Königin Elisabeth. Jakob I., Sohn Maria Stuarts, besteigt den englischen Thron.
1603/04	Im Winter. Zum ersten Male Vorstellungen der Shakespeare-Truppe bei Hofe.
1605	Der Historiker Camden erwähnt Shakespeare unter den Genien seiner Zeit.
	Pulververschwörung.
1607	Susanna, Tochter Shakespeares, heiratet John Hall.
1609	Shakespeares *Sonette* erscheinen.
1611	Anglikanische Bibelübersetzung (‹Authorized version›).
1612/13	Um diese Zeit verläßt Shakespeare London und kehrt endgültig nach Stratford zurück.
1613	29. Juli. Das Globe Theatre durch einen Brand völlig zerstört.
1616	25. März. Shakespeares Testament.
	23. April. Tod Shakespeares.
1623	Veröffentlichung der dramatischen Werke Shakespeares (First Folio) durch John Heminge und Henry Condell.
1642	Die siegreichen Puritaner lassen das Theater schließen.
1709	Erste Shakespeare-Biographie von Nicholas Rowe.

Johann Christoph Gottsched

... Die Unordnung und Unwahrscheinlichkeit, welche in dieser Hintansetzung der Regeln entspringen, die sind auch bei dem Shakespear so handgreiflich und ekelhaft, daß wohl niemand, der nur je etwas Vernünftiges gelesen, daran ein Belieben tragen wird. Sein Julius Cäsar, der noch dazu von den meisten für sein bestes Stück gehalten wird, hat so viel Niederträchtiges an sich, daß ihn kein Mensch ohne Ekel lesen kann. Er wirft darinnen alles durcheinander.

Critische Beyträge. 1742

Gotthold Ephraim Lessing

Was man von dem Homer gesagt hat, es lasse sich dem Herkules eher seine Keule, als ihm ein Vers abringen, das läßt sich vollkommen auch von Shakespeare sagen. Auf die geringste von seinen Schönheiten ist ein Stempel gedruckt, welcher gleich der ganzen Welt zuruft: ich bin Shekespeares! Und wehe der fremden Schönheit, die das Herz hat, sich neben ihr zu stellen. Shekespeare will studiert, nicht geplündert sein. Haben wir Genie, so muß uns Shakespeare das sein, was dem Landschaftsmaler die Camera obscura ist: er sehe fleißig hinein, um zu lernen, wie sich die Natur in allen Fäden auf Eine Fläche projektiert; aber er borge nichts daraus.

Hamburgische Dramaturgie. 73. Stück. 1768

Johann Wolfgang von Goethe

Schäkespear, mein Freund, wenn du noch unter uns wärest, ich könnte nirgend leben als mit dir, wie gern wollt ich die Nebenrolle eines Pylades spielen, wenn du Orest wärest ...
Schäkespears Theater ist ein schöner Raritäten Kasten, in dem die Geschichte der Welt vor unsern Augen an dem unsichtbaren Faden der Zeit vorbeiwallt ... Seine Stücke drehen sich alle um den geheimen Punkt, den noch kein Philosoph gesehen und bestimmt hat, in dem das Eigentümliche unsres Ichs, die prätendierte Freiheit unsres Willens, mit dem notwendigen Gang des Ganzen zusammenstößt.

Rede zum Schäkespears Tag. 1771

Johann Gottfried Herder

Ich bin Shakespeare näher als dem Griechen. Wenn bei diesem das Eine einer Handlung herrscht, so arbeitet jener auf das Ganze eines Ereignisses, einer Begebenheit. Wenn bei jenem ein Ton der Charaktere herrscht, so bei diesem alle Charaktere, Stände und Lebensarten, so viel nur fähig und nötig sind, den Hauptklang seines Konzerts zu bilden. Wenn in jenem eine singende feine Sprache wie in einem höhern Äther tönt, so spricht dieser die

Sprache aller Alter, Menschen und Menscharten, ist Dolmetscher der Natur in all ihren Zungen ... Mir ist, wenn ich ihn lese, Theater, Akteur, Kulisse verschwunden! lauter einzelne im Sturm der Zeiten wehende Blätter aus dem Buch der Begebenheiten, der Vorsehung, der Welt! einzelne Gepräge der Völker, Stände, Seelen! die alle die verschiedenartigsten und abgetrenntest handelnden Maschinen, alle (was wir in der Hand des Weltschöpfers sind) unwissende, blinde Werkzeuge zum Ganzen eines theatralischen Bildes, einer Größe habenden Begebenheit, die nur der Dichter überschaut.

Von deutscher Art und Kunst. 1773

Ludwig Tieck

Darin besteht der Probierstein des echten Genies, daß es für jede verwegene Fiktion, für jede ungewöhnliche Vorstellungsart, schon im voraus die Täuschung des Zuschauers zu gewinnen weiß; daß der Dichter nicht unsre Gutmütigkeit in Anspruch nimmt, sondern die Phantasie, selbst wider unsern Willen, so spannt, daß wir die Regeln der Ästhetik mit allen Begriffen unsers aufgeklärten Jahrhunderts vergessen, und uns ganz dem schönen Wahnsinn des Dichters überlassen; daß sich die Seele, nach dem Rausch, willig der Bezauberung von neuem hingibt, und die spielende Phantasie durch keine plötzliche und widrige Überraschung aus ihren Träumen geweckt wird.
In dieser größten unter den dramatischen Vollkommenheiten wird Shakespeare vielleicht unnachahmlich bleiben; – diese große Alchimie, durch die alles, was er berührte, in Gold verwandelt ward, scheint mit ihm verloren.

Über Shakespeares Behandlung des Wunderbaren. 1796

August Wilhelm Schlegel

Die sämtlichen Hervorbringungen Shakespeares tragen das unverkennbare Gepräge seines originalen Genius, aber niemand ist weiter entfernt davon als er, eine durch Angewöhnung und persönliche Einseitigkeit entstandne Manier zu haben. Vielmehr ist er in Absicht auf Verschiedenheit des Tons und der Farbe nach Beschaffenheit der Gegenstände ein wahrer Proteus. Jede seiner Dichtungen ist wie eine abgeschloßne Welt, die sich in ihrer eignen Sphäre bewegt. Es sind Kunstwerke, in einem durchgeführten Stil gearbeitet, worin sich die Freiheit und besonnene Wahl ihres Urhebers offenbart.

Vorlesungen über dramatische Kunst und Literatur. 1809

Friedrich Hebbel

Es ist möglich, daß die Natur einen Dichter höchsten Ranges nur in dem Wendepunkt zweier Jahrtausende hervorruft; es ist gewiß, daß ein solcher, den schon das Geburtsjahr bevorzugte, indem es ihm eine ungeheure welthistorische Erbschaft anwies, in seinen subjectiven Nachfolgern keinen Nebenbuhler zu fürchten hat. Ohne Widerspruch sei eingeräumt, daß dem Shakespeare das Recht auf alle Dichterkronen der Welt zusteht; man haue ihm zu Ehren die sämtlichen Lorbeerbäume Italiens um und bringe ihm sogar die vertrockneten

Kränze, welche der Zugwind der Gegenwart noch hier oder dort auf diesem oder jenem hervorragenden Haupt unserer eigenen Nation sitzen ließ; wir haben Nichts dagegen... Ein Genius, wie dieser, will aber beleben, nicht töten.

Theaterkritik. 1851

FRIEDRICH NIETZSCHE

Das Schönste, was ich zum Ruhme Shakespeares, des Menschen, zu sagen wüßte, ist dies: er hat an Brutus geglaubt und kein Stäubchen Mißtrauens auf diese Art von Tugend geworfen! Ihm hat er seine beste Tragödie geweiht – sie wird jetzt immer noch mit einem falschen Namen genannt – ihm und dem furchtbarsten Inbegriff hoher Moral. Unabhängigkeit der Seele – das gilt es hier! Kein Opfer kann da zu groß sein: Seinen liebsten Freund selbst muß man ihr opfern können, und sei er noch dazu der herrlichste Mensch, die Zierde der Welt, das Genie ohne Gleichen – wenn man nämlich die Freiheit als die Freiheit großer Seelen liebt und durch ihn dieser Freiheit Gefahr droht: – derart muß Shakespeare gefühlt haben! ... Was ist alle Hamlet-Melancholie gegen die Melancholie des Brutus! – und vielleicht auch diese, wie er jene kannte, aus Erfahrung! Vielleicht hatte auch er seine finstere Stunde und seinen bösen Engel, gleich Brutus.

Die fröhliche Wissenschaft. 1881

GERHART HAUPTMANN

Er ist Bändiger und Verdichter des Sturms, Schöpfer, Demiurgos seiner neuen, inneren Himmels-, Erden- und Menschenwelt, über deren Geschicken er mit der Zaubergewalt eines Prospero waltend schwebt, auch bewirkt, daß diese ganze seiende und nichtseiende Schöpfung anderen im göttlichen Lichte der Kunst erkennbar wird. Prospero-Shakespeare ist dieser Zauberer. Niemand hat so wie er die Gewalten magischer Täuschungen in der Hand... Es gibt unter den Dichtern keinen, der es uns so leicht macht, die Fiktion aufrecht zu erhalten, als hätten wir es in seinen Geisteswerken nicht mit Erdichtungen, sondern mit Wirklichkeiten zu tun. Der Zauber, das göttliche Blendwerk dieses Prospero, ist unergründlich und unübertrefflich.

Einleitung zu den Shakespeare-Visionen. 1918

Ich besitze keine Millionen ...

. . . und die wenigen tausend Franken, die ich mit meiner Arbeit verdient habe, gebe ich nun und nimmer für Reklame, Claqueurs und ähnlichen Dreck aus. Dieser Satz steht in einem Brief, den ein 41jähriger aus Paris an eine Gräfin Maffei schrieb. Die «wenigen tausend Franken» waren freilich nur Lohn für sein Pariser Zwischenspiel. In seiner Heimat konnte er sich vom Verdienst seiner Werke einen großen Landbesitz («Sant'Agata») mit Weinbergen kaufen und eine Pferdezucht betreiben, die unter Kennern so weltberühmt war, wie es seine Werke als Künstler heute noch sind.

Geboren wurde er im selben Jahr wie Wagner. Das Taufzeugnis nennt die Vornamen Joseph Fortunin Francois, wiewohl er nicht Franzose war. Mit seinem Vater, einem Wirt und Krämer, überwarf er sich später, als er dessen Schulden bezahlen sollte. Als 19jähriger wollte er sich in einer berühmten Schule ausbilden lassen, wurde aber «wegen erwiesener Unfähigkeit» nicht aufgenommen. Später wollte sich diese Schule nach ihm benennen – da lehnte er ab, als 85jähriger.

Seine Hauptlektüre von Jugend an, war die Bibel, und seinen ersten Triumph errang er denn auch mit einer Bearbeitung des 23. und 24. Kapitels aus dem 2. Buch der Könige. Sein Mitautor war ein einstiger Geheimagent, der einmal dem Khediven in Kairo 365 verschiedene Arten der Salatzubereitung gezeigt hatte. Eines seiner populärsten Werke wurde zur Einweihung eines Großbauwerks außerhalb Europas uraufgeführt; er selbst konnte daran nicht teilnehmen, da er Seereisen nicht vertrug.

Fuhr er in zweispänniger Kalesche über seine Ländereien, so begleitete ihn meist ein prächtiger Hahn. Er legte sich eine Autographensammlung zu und experimentierte eine Zeitlang mit einem chemischen Pulver, das Faßwein heller machen sollte.

Wer war's? (Alphabetische Lösung: 22–5–18–4–9).

BIBLIOGRAPHIE

Die Bibliographie ist als erste Orientierung über das uferlose Shakespeare-Schrifttum gedacht. Sie berücksichtigt außer den vom Verfasser benutzten Werken vor allem auch die wichtigste deutsche Literatur.

1. *Bibliographien und Berichte*

EBISCH, WALTHER, und LEVIN L. SCHÜCKING: A Shakespeare bibliography. Oxford 1931. — Supplement. London 1937

Jahrbuch der Deutschen Shakespeare-Gesellschaft (seit 1925 Shakespeare-Jahrbuch). Weimar 1865 ff — Enthält eine laufende Shakespeare-Bibliographie

Shakespeare survey. An annual survey of Shakespearean study and production. Ed. by ALLARDYCE NICOLL. Vol. 1 ff. Cambridge 1948 ff

2. *Darstellungen der elisabethanischen Epoche*

ROWSE, ALFRED LESLIE: The England of Elizabeth, the structure of society. London 1950

TILLYARD, EUSTACE M.: The Elizabethan world picture. London 1952

KOCHER, PAUL H.: Science and religion in Elizabethan England. San Marino 1953

PINTO, VIVIAN DE SOLA: The English Renaissance. 1510—1688. New York 1938

SELLERY, GEORGE CLARKE: The Renaissance. Its nature and origins. Madison (Wisconsin) 1950

WOLFF, MAX J.: Die Renaissance in der englischen Literatur. Bielefeld 1928

SCHELLING, FELIX E.: Elizabethan drama. 1558—1642. A history of the drama in England. 2 vols. London 1908—1911

HARRISON, GEORGE B.: The story of Elizabethan drama. Cambridge 1924

FARNHAM, WILLARD: The medieval heritage of Elisabethan tragedy. Berkeley (California) 1936

CLEMEN, WOLFGANG: Die Tragödie vor Shakespeare. Ihre Entwicklung im Spiegel der dramatischen Rede. Heidelberg 1955

CHAMBERS, SIR EDMUND K.: The Elizabethan stage. 4 vols. Oxford 1923

GREG, WALTER W.: Dramatic documents from the Elizabethan playhouses. 2 vols. Oxford 1931

ZOCCA, LOUIS RALPH: Elizabethan narrative poetry. New Brunswick 1590

TUVE, ROSEMONDE: Elizabethan and metaphysical imagery. Renaissance poetic and twentieth-century critics. Chicago 1947

3. *Werkausgaben und Übersetzungen*

Comedies, histories and tragedies. Published according to the true originall copies. London, Printed by Isaac Jaggard and Ed. Blount. 1623. Faksimiledrucke dieser ‹First Folio› von H. Staunton 1866, S. Lee 1902, Methuen 1910

Shakespeare quarto facsimiles. Issued under the superintendence of F. J. FURNIVALL. 43 vols. London 1885—1891

The Arden Shakespeare. General editor: W. J. Craig. 39 vols. London 1899 bis 1924

The Oxford Shakespeare. The complete works of Shakespeare. Ed. with a glossary by W. J. CRAIG. Oxford 1904

The works of Shakespeare. Ed. by SIR ARTHUR QUILLER-COUCH and JOHN DOVER WILSON. Cambridge 1921 ff

Theatralische Werke. Aus dem Englischen übers. von CHRISTOPH MARTIN WIELAND. 8 Bde. Zürich 1762—1766

Schauspiele. Neue Ausgabe von JOHANN JOACHIM ESCHENBURG. 13 Bde. Zürich 1755—1782

Dramatische Werke. Übers. von AUGUST WILHELM SCHLEGEL. 8 Bde. Berlin 1797—1801; Bd. 9, 1. 1810. — Ergänzt und erläutert von LUDWIG TIECK. 9 Bde. Berlin 1825—1833

Schauspiele von Johann Heinrich Voß und dessen Söhnen Heinrich Voß und Abraham Voß. 9 Bde. Leipzig 1818—1829

Dramatische Werke. Übers. von AUGUST WILHELM VON SCHLEGEL und LUDWIG TIECK. 12 Bde. Berlin 1839—1840. — Von dieser Schlegel-Tieck-Ausgabe hängen die zahlreichen revidierten Editionen ab, von denen im folgenden nur einige wenige genannt werden. Ebenfalls werden die zahlreichen Übersetzungen anderer Autoren übergangen

Dramatische Werke. Nach der Übersetzung von A. W. SCHLEGEL und LUDWIG TIECK sorgfältig redigiert von HERMANN ULRICI. 12 Bde. Berlin 1867 bis 1871

Werke. Englisch und Deutsch. Hg. von LEVIN L. SCHÜCKING. u. a. 20 Bde. Leipzig 1912—1935 (Tempel-Klassiker)

Shakespeare in deutscher Sprache. Hg. und z. T. neu übers. von FRIEDRICH GUNDOLF. 10 Bde. Berlin 1908—1918

Sämtliche Werke. Die Übertragungen von A. W. SCHLEGEL und L. TIECK. Mit Anmerkungen hg. von LEVIN L. SCHÜCKING und E. v. SCHAUBERT. 10 Bde. München 1925—1929

Shakespeare. Neu übers. von RICHARD FLATTER. 6 Bde. Wien, Zürich 1952 bis 1956

Sämtliche Werke. Übers. von A. W. SCHLEGEL und LUDWIG TIECK. Bd. 1 ff. Heidelberg 1953 ff. Dünndruckausgabe im Lambert Schneider Verlag

Werke. Englisch und Deutsch. Hg. von LEVIN L. SCHÜCKING. Übersetzungen der Dramen von Schlegel und Tieck. 6 Bde. Darmstadt 1955 (Tempel-Klassiker)

Werke in zwei Bänden. Hg. mit einem Nachwort von LEVIN L. SCHÜCKING. 2 Bde. München 1955 (Knaurs Klassiker)

William Shakespeare. Das dramatische Werk. Übers. von HANS ROTHE. Baden-Baden 1955

Werke. Englisch und Deutsch. In der Übersetzung von SCHLEGEL und TIECK hg. von L. L. SCHÜCKING. [Mit Essays und Bibliographien von WOLFGANG CLEMEN, WALTER F. SCHIRMER, ERNST TH. SEHRT, HORST WEINSTOCK, DIETER MEHL und WOLFGANG RIEHLE.] Reinbek b. Hamburg 1957 ff (Rowohlts Klassiker)

Romeo und Julia. 1957 (RK 4) — Hamlet. 1957 (RK 19) — Richard III. 1958 (RK 26) — Macbeth. 1958 (RK 36) — Ein Sommernachtstraum. 1959 (RK 48) — Julius Caesar. 1959 (RK 57) — Der Kaufmann von Venedig. 1960 (RK 63) — König Lear. 1960 (RK 70) — Othello. 1961 (RK 90) — Der Sturm. 1962 (RK 103) — Antonius und Cleopatra. 1962 (RK 117) — Wie es euch gefällt. 1963 (RK 125) — Der Widerspenstigen Zähmung. 1963 (RK 133) — Maß für Maß. 1964 (RK 160) — Das Wintermärchen. 1965 (RK 174) — Troilus und Cressida. 1966 (RK 192/193) — König Heinrich IV. Erster und zweiter Teil. 1966 (RK 198/199/200) — Was ihr wollt. 1967 (RK 212) — Coriolanus. 1967 (RK 222/223) — Viel Lärmen um nichts. 1968 (RK 228) — Die Komödie der Irrungen. 1969 (RK 233)

Sonette. Nachdichtung von KARL KRAUS. München 1964

4. Gesamtdarstellungen

LEE, SIEDNEY: A life of William Shakespeare. London 1898. — 4. Aufl. 1925 — Deutsch von Richard Wülker. Leipzig 1901
WOLFF, MAX J.: Shakespeare. Der Dichter und sein Werk. 2 Bde. München 1907
LANDAUER, GUSTAV: Shakespeare, dargestellt in Vorträgen. 2 Bde. Frankfurt a. M. 1920
ALDEN, RAYMOND M.: Shakespeare. New York 1922
ADAMS, JOHN QUINCY: A life of William Shakespeare. London 1923
GUNDOLF FRIEDRICH: Shakespeare. Sein Wesen und Werk. 2 Bde. Berlin 1928 — 2. Aufl. Bad Godesberg 1949
CHAMBERS, SIR EDMUND K.: William Shakespeare. A study of facts and problems. 2 Bde. Oxford 1930
GRANVILLE-BARKER, HARLEY, und GEORGE B.: A companion to Shakespeare studies. Cambridge 1934
SPENCER, HAZELTON: The art and life of William Shakespeare. New York 1940
GREGOR, JOSEPH: Shakespeare. München 1940 — 3. Aufl. 1948
LONGWORTH-CHAMBRUN, CLARA: Shakespeare retrouvé. Paris 1947
MASEFIELD, JOHN: William Shakespeare. Oxford 1949
DUTHIE, GEORGE: Shakespeare. London 1954
HARRISON, GEORGE B.: Introducing Shakespeare. London 1954
PARROT, THOMAS M.: William Shakespeare. A handbook. rev. ed. New York 1955
Shakespeare. [Mit Beiträgen von: JEAN-LOUIS BARRAULT, PETER BROOK, JACQUES CHASTENET, JEAN-LOUIS CURTIS, LAWRENCE DURRELL, HENRI FLUCHÈRE, SIR JOHN GILGUD, GABRIEL MARCEL, MARCEL PAGNOL, JEAN PARIS, PIERRE-AIMÉ TOUCHARD, HUGH TREVOR-ROPER.] München 1964
LEWIS, BENJAMIN ROLAND: The Shakespeare documents. Facsimilis, transliterations, translations and commentary. 2 Bde. Stanford 1940

5. Untersuchungen

SPENCER, THEODORE: Shakespeare and the nature of man. New York 1942
HARBAGE, ALFRED: As they liked it. An essay on Shakespeare and morality. New York 1947
GODDARD, HAROLD CLARKE: The meaning of Shakespeare. Chicago 1951
STAUFFER, DONALD ALFRED: Shakespeare's world of images. The development of his moral ideas. New York 1949
OPPEL, HORST: Shakespeare. Studien zum Werk und zur Welt des Dichters. Heidelberg 1963
LÜTHI, MAX: Shakespeare. Dichter des Wirklichen und des Nichtwirklichen. Bern—München 1964 (Dalp-Taschenbuch. 373)
SCHILLING, KURT: Shakespeare. Die Idee des Menschseins in seinen Werken. München—Basel 1953
SCHÜCKING, LEVIN L.: Charakterprobleme bei Shakespeare. Eine Einführung in das Verständnis des Dramatikers. Leipzig 1919
RÜEGG, AUGUST: Shakespeare. Eine Einführung in seine Dramen. Bern 1951 (Sammlung Dalp. 79)
LÜTHI, MAX: Shakespeares Dramen. Berlin 1957
CHARLTON, HENRY B.: Shakespearean tragedy. Cambridge 1949
FARNHAM, WILLARD: Shakespeare's tragic frontier. Berkeley (California) 1950

TAUBER, ANNE-MARIE: Die Sterbeszenen in Shakespeares Dramen. Bern—München 1964

CUNNINGHAM, JAMES VINCENT: Word or wonder. The emotional effects of Shakespearean tragedy. Denver 1951

LENGELER, RAINER: Tragische Wirklichkeit als groteske Verfremdung bei Shakespeare. Köln—Graz 1964 (Anglistische Studien. 2)

CAMPBELL, LILY BESS: Shakespeare's ‹histories›, mirrors of Elizabethan policy. San Marino 1947

GÜNTHER, ALFRED: Der junge Shakespeare. Sieben unbekannte Jahre. Stuttgart 1947

TILLYARD, EUSTACE M.: Shakespeare's history plays. The world of the final tragedies. London 1949

CLEMEN, WOLFGANG: Shakespeares Bilder. Ihre Entwicklung und ihre Funktionen im dramatischen Werk. Bonn 1936 — Amerikanische Neubearbeitung: The development of Shakespeare's imagery. Cambridge 1951

CLEMEN, WOLFGANG: Shakespeares Monologe. Göttingen 1964 (Kleine Vandenhoeck-Reihe. 198/199)

WATKINS, WALTER BARKER: Shakespeare and Spenser. Princeton 1950

KYTZLER, BERNHARD: William Shakespeare: Julius Caesar. Frankfurt a. M. 1963 (Dichtung und Wirklichkeit. 3)

HEUN, HANS GEORG: Shakespeares «Romeo und Julia» in Goethes Bearbeitung. Eine Stiluntersuchung. Berlin—Bielefeld—München 1964 (Philologische Studien und Quellen. 24)

6. Wirkungen

SCHÜCKING, LEVIN L.: Shakespeare im literarischen Urteil seiner Zeit. Heidelberg 1908

GUNDOLF, FRIEDRICH: Shakespeare und der deutsche Geist. Berlin 1911 — 10. Aufl. Bad Godesberg 1947

STAHL, ERNST LEOPOLD: Shakespeare und das deutsche Theater. Wanderung und Wandlung seines Werkes in dreieinhalb Jahrhunderten. Stuttgart 1947

BERNAYS, MICHAEL: Zur Entstehungsgeschichte des Schlegelschen Shakespeare. Leipzig 1872

MELCHINGER, SIEGFRIED: Shakespeare für uns. Möglichkeiten, Forderungen, Beispiele. Velber 1964

Nachtrag zur Bibliographie

1. Bibliographien und Hilfsmittel

HALLIDAY, FRANK ERNEST: A Shakespeare companion, 1564–1964. London 1964

CAMPBELL, OSCAR JAMES (Hg.): A Shakespeare encyclopaedia. London 1966

SPEVACK, MARVIN: A complete and systematic concordance to the works of Shakespeare. Vol. 1–8. Hildesheim 1968–1975

HOWARD-HILL, TREVOR HOWARD: Shakespearian Bibliography and textual criticism. A bibliography. Oxford 1971 (Index to British literary bibliography. 2)

MARTIN, MICHAEL RHETA: The concise encyclopedic guide to Shakespeare. New York 1971

SCHMIDT, ALEXANDER: Shakespeare-Lexikon. Vollst. engl. Sprachschatz mit allen Wörtern, Wendungen und Satzbildungen in den Werken des Dichters. 6. Aufl. Bd. 1. 2. Berlin 1971

QUENNELL, PETER: Who is who in Shakespeare. London 1973

WELLS, STANLEY (Hg.): Shakespeare. Select bibliographical guides. London 1973

JACOBS, HENRY E.: An annotated bibliography of Shakespearean burlesques, parodies, and travesties. New York 1976 (Garland reference library of the humanities. 41)

Shakespeare quarterly. Publ. by the Shakespeare Association of America. New York 1950 f

Shakespeare Studies. An annual gathering of research, criticism, and reviews. Ed. by JOHN LEEDS BARROLL. Cincinnati, Ohio 1965 f

2. Darstellungen der elisabethanischen Epoche

BLUESTONE, MAX, und NORMAN RABKIN (Hg.): Shakespeare's contemporaries. Modern studies in English Renaissance drama. Englewood Cliffs. N. J. 1970

WELLS, STANLEY: Literature and drama, with special reference to Shakespeare and his contemporaries. London 1970

BENTLEY, GERALD EADES: The Profession of dramatist in Shakespeare's time 1590–1642. Princeton 1971

ROLLE, DIETRICH: Ingenious Structure. Die dramatische Funktion der Sprache in der Tragödie der Shakespearezeit. Nebst Erg.-H. Heidelberg 1971 Erg.-H.: Handlungsabrisse der untersuchten Dramen (Anglistische Forschungen. H. 99. 99,1)

BLUESTONE, MAX: From story to stage. The dramatic adaption of prose fiction in the period of Shakespeare and his contemporaries. The Hague 1974 (Studies in English literature. 70)

WELD, JOHN: Meaning in comedy. Studies in Elizabethan romantic comedy. Albany. N. Y. 1975

3. Werkausgaben in Übersetzungen

Werke. Hg. von der Deutschen Akademie der Künste zu Berlin. Neu übersetzt von RUDOLF SCHALLER. Berlin 1967 f

Werke. In 5 Bänden. Hamburg 1966

Shakespeare-Übersetzungen. Übersetzt von ERICH FRIED. Berlin 1969 f

4. Gesamtdarstellungen

HOROWITZ, DAVID: Shakespeare. A existential view. London 1965
ROSIGNOLI, MARIA PIA: The life and times of Shakespeare. London–New York 1968
MACMANAWAY, JAMES GILMER: Studies in Shakespeare, bibliography and theatre. New York 1969
BURGESS, ANTHONY: Shakespeare. London 1970
FERGUSSON, FRANCIS: Shakespeare, the pattern in his carpet. New York 1970
SCHOENBAUM, SAMUEL: Shakespeare's lives. Oxford 1970
MUIR, KENNETH, und SAMUEL SCHOENBAUM (Hg.): William Shakespeare. Eine Einführung. Stuttgart 1972
SCHABERT, INA (Hg.): Shakespeare-Handbuch. Die Zeit, der Mensch, das Werk, die Nachwelt. Stuttgart 1972
HUGO, VICTOR: William Shakespeare. Paris 1973
ROWSE, ALFRED LESLIE: Shakespeare the man. London 1973
VICKERS, BRIAN (Hg.): Shakespeare. The critical heritage. Vol. 1: 1623–1692. Vol. 2: 1693–1733. Vol. 3: 1733–1752. Vol. 4: 1753–1765. London 1974–1976
SCHOENBAUM, SAMUEL: William Shakespeare. A documentary life. Oxford 1975

5. Untersuchungen

FRYE, NORTHROP: Shakespeares Vollendung. Eine Einführung in die Welt seiner Komödien. München 1966 (Sammlung Dialog. 11)
HOLLAND, N. N.: Psychoanalysis and Shakespeare. New York 1966
CHAMBERS, EDMUND KERCHEVER: Sources for a biography of Shakespeare. Oxford 1970
CHAMPION, LARRY S.: The evolution of Shakespeare's comedy. A study in dramatic perspective. Cambridge, Mass. 1970
WAIN, JOHN: The Living World of Shakespeare. A playgoer's guide. London 1970
KLEIN, KARL LUDWIG (Hg.): Wege der Shakespeare-Forschung. Darmstadt 1971 (Wege der Forschung. 115)
KNIGHT, GEORGE WILSON: The Shakespearian tempest. With a chart of Shakespeare's dramatic universe. London 1971 (University Paperback. 345)
HOBSON, ALAN: Full circle. Shakespeare and moral development. London 1972
MACFARLAND, THOMAS: Shakespeare's pastoral Comedy. Chapel Hill 1972
MORRIS, IVOR: Shakespeare's God. The role of religion in the tragedies. London 1972
NEVO, RUTH: Tragic Form in Shakespeare. Princeton 1972
COLLE, ROSALIE L.: Shakespeare's living art. Princeton, N. J. 1974
HASLER, JOERG: Shakespeare's theatrical notation, the comedies. Bern 1974 (The Cooper monographs on English and American language and literature. 21)
SALINGAR, LEO: Shakespeare and the traditions of comedy. London 1974
TURNER, ROBERT Y.: Shakespeare's apprenticeship. Chicago 1974
WEIMANN, ROBERT: Shakespeare und die Tradition des Volkstheaters. Soziologie, Dramaturgie, Gestaltung. 2. Aufl. Berlin 1975
BRADBROOK, MURIEL C.: The living monument: Shakespeare and the theatre of his time. Cambridge 1976

Brook, George L.: The language of Shakespeare. London 1976
Levin, Harry: Shakespeare and the revolution of the times. Perspectives and commentaries. New York 1976

6. Wirkungen

Frost, David L.: The school of Shakespeare. The influence of Shakespeare on English drama 1600–42. Cambridge 1968
Murray, Patrick: The Shakespearian scene. Some twentieth century perspectives. Harlow 1969
Ridler, Anne B.: Shakespeare criticism 1935–60. London 1970
Sprague, Arthur Colby: Shakespeare's plays today. Some customs and conventions of the stage. London 1970
Andrews, W. T. (Hg.): Critics on Shakespeare. London 1973 (Readings in literary criticism. 16)
Ledebur, Ruth von: Deutsche Shakespeare-Rezeption seit 1945. Frankfurt a. M. 1974
Salgado, Gamini (Hg.): Eyewitnesses of Shakespeare. First hand accounts of performances, 1590–1890. Sussex, London 1975
Cohn, Ruby: Modern Shakespeare offshoots. Princeton, N. J. 1976
Evans, B. Gwynne (Hg.): Shakespeare. Aspects of influence. Cambridge, Mass. 1976 (Harvard English Studies. 7)

QUELLENNACHWEIS

Abbildungen

British Museum: 8, 10, 25, 30, 31, 39, 47, 48, 67, 70, 149, 159.
London Museum: 17, 36/37.
National Portrait Gallery: 33, 46, 50, 97.
Shakespeare's Birthplace: 24, 26, 27 (oben und unten), 28, 29, 34, 44, 45, 60, 61, 63, 64, 65.
Bibliothèque Nationale: 15, 38, 41, 42, 49 und Umschlag-Rückseite, 52, 54, 59, 68 und Umschlag-Vorderseite, 88, 93, 102, 113, 129, 134, 136.
Bulloz: 78, 80.
Ullstein-Bilderdienst: 142, 156.
Historia-Photo: 122.
SV-Bilderdienst: 20.
Rowohlt-Archiv: 12/13, 56, 76, 145.

Texte

Die zitierten Shakespeare-Texte stützen sich im wesentlichen auf die Übersetzung von Schlegel-Tieck-Baudissin, die dort, wo es angebracht schien, revidiert und ausgefeilt wurde. Bei den Zitaten aus *Perikles* und bei den Sonetten wurde die im Tempel-Verlag, Darmstadt, erschienene Textrevision von L. L. Schücking benutzt.

NAMENREGISTER

Die kursiv gesetzten Zahlen bezeichnen die Abbildungen

Acton, John 26
Addenbrooke 46
Ady 77
Agrippa von Nettesheim, Cornelius 75
Aischylos 58
Alfred der Große, König von England 19
Alhazen (Ibn al-Haitham) 75
Allen, Percy 21
Alleyn, Edward 40, 43, *42*
Andreae, Johann Valentin 79, 84, 86
Arden, Mary s. u. Mary Shakespeare
Arden, Robert 24
Ariost, Ludovico 42
Armin, Robert 57
Arnold, Paul 75, 79 f
Aubrey, John 24, 34

Bacon, Delia 19
Bacon, Francis 19 f, 22, *20*
Bandello, Matteo 42
Barnes, Barnabe 41, 55
Beaumont, Francis 23
Beethoven, Ludwig van 119
Belleforest 42
Belott, Stephen 61
Boccaccio, Giovanni 42
Böhme, Jakob 81
Boleyn 12
Bolingbroke, Heinrich s. u. Heinrich der IV. von England
Bracciolini, Poggio 19
Bradbrook, M. 22
Browning, Robert 55
Burbadge, Cuthbert 46, 58, 60, 62
Burbadge, James 37, 40, 46, 58
Burbadge, Richard 43, 46, 57, 58 60, 62, 66
Burby, Cuthbert 51
Burley, Lord William Cecil 14
Burton, Robert 19

Cavendish, Sir Thomas 9
Cecil, Robert, Earl of Salisbury 14, 49
Cecil, William 21
Chambers, Sir Edmund K. 22 f, 55
Chapman, George 23, 37, 55, 59, 75
Charlton, Henry B. 73
Chettle, Henry 23
Chevalley, Abel 22, 23
Clopton, Sir Hugh 26
Condell, Henry 55, 57, 60, 62, 69
Corneille, Pierre 19
Cowley, Richard 57
Culmann, Leonhard 26

Daniel, Samuel 41, 55
Dante Alighieri 16
Davenant, Mistress 40, 55
Davies, Richard 35
Dee, John 75
Dekker, Thomas 23, 40
Demblon, Célestin 21
Derby, Earl of, s. u. William Stanley
Descartes, René 150
Devereux, Penelope 55
Devereux, Robert, Earl of Essex 14, 21, 48 f, 55, 57, *50*
Digges, Leonard 69
Dodd, Alfred 75
Drake, Sir Francis 9, 11
Drayton, Michael 34, 55, 62
Droeshout 69
Dudley, Robert, Earl of Leicester 14, 19, 29, 32, 37, *33*

Elisabeth I. von England 7, 9, 12 f, 19, 21, 29, 32, 49 f, 57, 58, 75 f, *10*
Ellwood 19
Essex, Earl of, s. u. Robert Devereux
Evans, Henry 58, 60

Farnham, Willard 60, 73
Fian, Doktor 76
Field, Richard 40, 42
Fiorentino 42
Fitton, Mary 40, 55
Fletcher, Laurence 57, 66
Florio, Giovanni 42
Fludd, Robert 80 f
Ford, John 71
Frobisher, Sir Martin 9
Fuller, Thomas 45

Garnier, Charles-Marie 51
Giraldi, Giovanni Battista Cinzio 42

Goethe, Johann Wolfgang von 18
Gold, Käthe *142*
Gosson, Stephen 40
Greene, Robert 19, 23, 35 f, 39, 42, 45
Greenstreet, J. 20
Greville, Fulk 34

Hackett, Marianne 34
Hall, Edward 26
Hall, John 60, 62
Hall, William 55
Hariot, Thomas 75
Harrison, George B. 71 f
Hart, Willam 55
Hathaway, William 55
Hathwey, Anne s. u. Anne Shakespeare
Hawkins, Sir John 11
Heinrich IV. von England 50, 96
Heinrich IV. von Frankreich 59
Heinrich VI. von England 36, 96
Heinrich VII. von England 7
Heinrich VIII. von England 7, 9, 12, *8*
Heminge, John 55, 57, 60, 61, 62, 66, 69
Henslowe, Philip 40, 43, 69, 71
Herbert, William, Earl of Pembroke 55, 69
Hesiod 82
Heywood, Thomas 75
Holinshed, Raphael 26
Holland, Hugh 69
Hooker, Richard 16
Horaz 19
Hunt, Simon 26

Jackson, John 61
Jakob I. von England 21, 49, 57 f, 76, *56*
Jakob VI. von Schottland s. u. Jakob I. von England
Jenkins, Thomas 26
Johnston, William 61
Jones, Ernest 69
Jonson, Ben 20, 23, 28, 45, 55, 62, 69, *46*
Joyce, James 35, 43, 45

Kainz, Josef *122*
Keats, John 55
Kelley, Edward 75
Kempe, William 43
Kittredge, G. L. 71 f
Kolumbus, Christoph 7
Kopernikus, Nikolaus 17
Kyd, Thomas 23, 39, 71

La Fontaine, Jean de 19
Lee, Sidney 20
Lefranc, Abel 20
Leicester, Earl of, s. u. Robert Dudley
Lilly, William 26
Longworth-Chambrun, Clara 22, 40
Looney, Thomas 21
Lucy, Sir Thomas 35
Lyly, John 75

Mabbe, James 69
Machiavelli, Niccolò 17, 42
Maier, Michael 81
Malone, Edmund 55
Manners, Roger, Earl of Rutland 21, 22, 62
Maria Stuart 20, 76
Maria I. Tudor 7
Markham, Gervase 41, 55
Marlowe, Christopher 17 f, 19, 22, 23, 36, 39, 55, 71, 75
Marsilius Ficinus 75
Marston, John 21, 55
Matthew, Tobie 20
Maurice, Martin 40
Meres, Francis 43, 51, 66, 69
Milton, John 19
Molière 19
Montaigne, Michel Eyquem de 17, 19, 42
Montgomery, Earl of 69
More, Sir Thomas 19
Mountjoy, Christopher 61

Nashe, Thomas 39, 55, 75
Negro, Lucy 55
Nikolaus von Kues 75
North, Thomas 40
Northumberland, Earl of 75
Norton, Samuel 75
Nottingham, Earl of 17

Ovid 26, 40
Oxford, Earl of, s. u. Edward de Vere

Paracelsus (Theophrastus Bombastus von Hohenheim) 75, 81
Parkes, H. B. 16
Pascal, Blaise 52, 140
Peele, George 19, 23

Pembroke, Earl of, s. u. William Herbert
Philipp II. von Spanien 8
Phillips, Augustin 57
Pico della Mirandola, Giovanni 75
Pictorius 75
Pius V., Papst 12
Platon 126
Plautus 26, 43
Pott, Mrs. 19

Quiney, Richard 46, 62

Rabelais, François 42, 108
Raleigh, Sir Walter 14
Rendall, G. 21
Reyer, Paul 84
Richard II. von England 96
Richard III. von England 7, 96
Robertson, J. M. 23, 40
Roche, Walter 26
Rowe, Nicholas 24
Rutland, Earl of, s. u. Roger Manners

Sampson, Agnes 76
Savage, D. S. 75
Scott, Reginald 77
Seneca, Lucius Annaeus d. J. 18, 43
Schlegel, August Wilhelm von 100
Schücking, Levin L. 100
Shakespeare, Anne 34, 62
Shakespeare, Hamnet 34, 43
Shakespeare, Judith 34, 62
Shakespeare, Susanna 34, 60, 62
Shakspere, Edmund 24
Shakspere, Gilbert 24
Shakspere, Joan 24, 62
Shakspere, John 24, 32, 34, 43, 56
Shakspere, Mary 24, 34, 60
Shakspere, Richard 24
Sidney, Sir Philip 17, 40, 74, 75
Sly, William 57, 60
Smith, William 19, 20
Southampton, Earl of, s. u. Henry Wriothesley
Southwell, Thomas 20
Speaight, Robert, 73
Spencer, Theodore 16, 75
Spenser, Edmund 17, 19, 55, 75, 79
Spinoza, Benedictus de 98
Stanley, William, Earl of Derby 20 f
Stein, Arnold 75
Stockwood, John 29
Stow, John 40
Sturley, Abraham 46

Tacitus 19
Tennyson, Alfred 19
Terenz, Publius 19, 26
Theobald, R. 19
Thomas von Aquin 16
Thorpe, Thomas 51, 52, 55
Tieck, Ludwig 100
Tillyard, Eustace M. 16, 75
Tolstoj, Leo N. 18
Tourneur, Cyril 71
Tritheim, Johann 75
Tuve, Rosemonde 22
Tyler 55

Underhill, William 46

Vautrollier, Jaqueline 40, 55
Vautrollier, Thomas 40
Vere, Edward de, Earl of Oxford 21 f
Vergil 19, 26

Wagner, Richard 43
Walker, Henry 46
Walsingham, Francis 21
Warbeck, Perkin 7
Ward, B. M. 21
Warwick, Earl of 29
Webb, Dr. 19
Webster, John 71
Welles, Orson 145
Wells-Gallup, Mrs. 19
White, Thomas 29
Wilde, Oscar 55
Wilson 26
Wise, Andrew 51
Witt, Johannes de 46
Worcester, Earl of 29
Wordsworth, William 55
Wriothesley, Henry, Earl of Southampton 37, 40 f, 50, 55

Zocca, Louis Ralph 22